쌍둥맘의 두 배 행복한 육아일기

아이도 둘, 축복도 둘

쌍둥맘의
두 배 행복한 육아일기

이경남 지음

안나푸르나

추천사

불과 20여 년 전만 하더라도 결혼해서 아이를 낳는 게 순리이고 당연한 권리와 의무였지만, 언제부터인가 자식 키우기가 어렵다는 푸념이 들리더니, 요즘은 숫제 아이를 낳기 싫은 세상이 되었다.

근본적인 이유가 아이를 키우는 것 못지않게 이 땅에서 살아가는 일이 복잡다단하고 애면글면할 수밖에 없기 때문이라는 생각이 든다. 세상을 평가하는 지표들은 모두 좋아졌는데 삶은 왜 더 고단해졌을까. 이 까탈스러운 숙제가 해결되는 데는 많은 시간이 필요할 터이지만 해결된다는 보장도 없다. 정부와 사회가 책임을 적극 짊어져야 하지만, 성장에 여전히 목마른 우리들의 현실에서 억울하고 부당하지만 그 부담은 부모들이 짊어져야 할 운명이 아닌가 싶다.

이 책은 묵묵하게 부담을 받아들이는 아름다운 책임에 대한 내용을 담고 있다. 외교부에서 26년 동안 봉직한 저자가 운명적인 사랑을 하고 결혼해서 아이를 낳아 정성으로 기르는 과정을 담담하게 펼쳐주는 육아일기다. 외교부에서의 생활은 한시도 긴장을 늦출 수 없는 격무의 연속일 것이다. 뒤늦은 결혼에 쌍둥이까지 출산한 저자는 생전 겪지 못한 고초를 겪었지만 희망을 가슴에 심고 쌍둥이를 키웠다.

　세상의 감동이란 이런 일상에서 잔잔히 퍼져 나오는 얘기들이 아닐까 싶다. 어떤 미사여구로 감싸더라도 자식을 키우는 부모의 심정을 낱낱이 표현하기는 힘들다.

　이경남 님과의 작은 인연으로 이 책을 읽고 추천사를 쓰면서 결혼을 할 예정이거나, 결혼을 해서 아이를 낳을 생각을 하는 많은 부부들이 이 책을 읽으면 좋겠다는 생각을 했다. 또 행복이란 지극히 평범한 일상에 숨어 있음을 공감하기 바란다.

김홍신(작가)

추천사

저자 경남 씨는 내가 외교부 외교정책실장을 할 때 비서로 일하고 있었다. 그때 인생을 참으로 진지하게 그리고 열성으로 사는 사람이라는 인상을 받았다.

그런데 결혼을 하게 되어 나에게 주례를 부탁해 흔쾌히 승낙하였는데, 갑자기 공무로 해외 장기 출장을 가게 되어 결례를 하고 말았다. 지금도 미안한 마음을 금할 수 없다. 이번에 경남 씨가 책을 출간하게 되어 나에게 서문을 부탁해, 이제 이 글을 쓰면서 그 미안한 마음을 지울 수 있게 되었다.

우리는 누구나 이 세상에서 인생을 단 한 번만 산다. 쌍둥맘의 육아일기를 통하여 경남 씨는 이 인생을 경험하고, 몸에 익히고, 미래를 준비하기 위하여 하루하루 열어나가는 모습을 보여주고 있다. 클래식 음악과 인상파 화가의 그림을 보며 태교를 시작해, 아들 윤재와 딸 윤서가 7살이 되기까지 계속 써온 일기들을 모아 이 책에 담고 있다.

경남 씨는 육아일기에 친어머니께서 돌아가신 해에 임신하여 그다음 해 어렵게 출산한 남녀 쌍둥이를 처음 보면서 "아이는 우주만큼 소중하다"고 쓴다. 이 표현은 경남 씨의 결혼식 주례를 할 수 있었으면 그때 신랑 신부에게 해주고 싶었던 말이다. 이 표현은 미국 시인 중에 맥스 어만Max Ehrmann이 쓴 〈간절히 바라는 것들Desiderata〉이라는 시에 나오는 말이다.

"당신은 우주의 아이들이다. 마치 하늘에 있는 별이나 나무가 우주 안에 존재하듯이, 당신은 여기에 존재할 자격이 있다."

이 책에 언급된 리처드 도킨스의 책 《이기적 유전자》에 따르면, 인간은 유전자 보존을 위해 사는 개체로 부모에게서 태어나고, 결혼도 하고, 아기도 낳고 한다. 그러나 인간의 삶은 거기서 그치지 않는다. 다른 동물과 달리 인간은 배우자, 아이들, 또 그들을 넘어 친구, 같이 일하는 사람들, 이런 책을 통하여 자신의 생각을 남에게 알리면서 인생을 열어나간다. 그렇게 영향을 미치고 영향을 받으면서 우리는 한 세상을 살아나간다.

이 세상에서 무수히 반복되는 '연(카르마)' 중에서 가장 중요한 것이 자신이 낳은 자식이다. 아이 키우면서 자신을 전하고, 또 자신이 커나가면서 남들에게 자신을 알리는 것이다. 이 책에 나타난 경남 씨의 마음이 여러 분에게 많이 전해지기를 빈다.

최영진(연세대 특임교수)

프롤로그

    늦둥이 막내로 태어나 부모님께 한없는 사랑을 받은 내게 어머니와의 이별은 감당하기 버거운 일이었다. 슬픔에 잠겨 두어 달 지난 즈음에 쌍둥이 임신을 알았을 때, 이건 친정어머니가 내게 남겨준 마지막 선물이라고 생각했다.
    부족함이 많은 예비맘이었지만, 나는 엄마가 되기 위해, 그리고 태어날 쌍둥이들을 위해 임신 3개월부터 육아일기를 매일 쓰기 시작했다. 나는 태어날 둥이들에게 내 마음을 가감 없이 전달하고 싶었다. 지쳐 쓰러졌다가도 아이들이 자라 이 일기를 보면 조금이라도 힘이 나지 않을까 생각하며 마음을 다잡고 다시 일어나 일기를 쓰곤 했다.
    지금 당장 아이들에게 물질적인 것을 주면 아이들이 좋아하긴 하겠지만 시간이 흐르면 이 육아일기가 더 큰 의미로 남지 않을까. 어린 아이들에게 내가 가장 해주고 싶었던 말은 "지혜로운 사람이 되었으면 좋겠다"는 것이다. 공부를 많이 해서 좋은 대학에 들어가는 것도 중요하지만 그보다 더 중요한 건 좋은 인성을 갖추는 것이다. 그래서 일기 곳곳에 그와 같은 바람을 적어두었다. 사랑하는 남편, 가족들에게도 이 책을 선물하고 싶다. 함께 일하며 나를 아껴주는 모든 분들과 내가 존경하는 모든 분들에게도 이 책을 선물하고 싶다.

이 책을 쓰면서 가장 간절하게 그리웠던 사람은 친정 부모님이다. 특히 엄마의 모습이 아른거리면 나는 글쓰기를 멈추고 주저앉아 많은 눈물을 흘렸다. 참 많이 보고 싶다. 아마도 저 하늘 편안한 곳에서 빙그레 미소를 지으며 보고 계시겠지? 시부모님께도 특별한 감사를 드린다. 2년 넘게 둥이들을 보살펴주셨다. 남은 삶, 시부모님을 친정 부모님이라고 여기고 잘 모시겠다고 다짐한다.

지난 2015년 선거연수원에서 주관하는 민주시민정치아카데미 6기를 수료하고 김홍신 이사장님의 강연을 들은 후, 이사장님 덕분에 무언가 써야겠다는 열정이 피어올랐다. 이 책을 내는 데도 가장 큰 힘이 되었다. 이사장님께 다시 한 번 감사드리고 싶다.

이렇게 책을 낼 생각으로 육아일기를 썼다면 좀 더 신경 써서 썼을 텐데…. 끝으로, 부족함이 가득한 이 책을 내기까지 너무너무 애써주신 안나푸르나 김영훈 대표님을 비롯하여 읽기 좋게 글을 다듬어주신 이원숙 님, 너무나 예쁘게 책을 디자인해주신 최선영 님, 실물보다 훨씬 예쁘게 사진을 찍어주신 강재구 사진작가님께 감사드린다. 또 안나푸르나를 소개해주신 박광성 & 김태창 대표님께도 감사의 말씀 전한다.

차례

추천사 • 4
프롤로그 • 8

1장 쌍둥이와의 첫 만남

우리 쌍둥이, 어느 별에서 왔니? • 15
출산 전날 • 17
쌍둥이, 세상에 나오다 • 19

2장 어머니와 아버지, 그리고 나

선산에 가서 임신 소식을 전하며 • 25
늦둥이 막내딸로 태어나다 • 27
진달래 먹고 물장구치던 나의 어린 시절 • 32
인천, 도시로 가다 • 36
외교부에 들어가다 • 38

3장 나의 결혼 이야기

남편과의 자연스러운 결혼 • 43
결혼을 의미를 다시 생각하다 • 45
출산 계획 • 49

4장 어머니와의 이별

어머니의 죽음과 나팔관 수술 • 55
어머니를 추억하며 • 58

5장 나의 임신 초중반기

쌍둥이를 임신하다 • 63
육아일기를 시작하며 • 65
입덧이 시작되다 • 68
나의 임신부 패션 • 73
음악과 그림으로 태교를 • 76
나만의 소소한 태교법 • 80

6장 나의 임신 후반기

하루가 다르게 몸이 변하다 • 85
기형아 검사 • 88
수면 부족으로 입원하다 • 91

7장 출산의 기쁨, 출산의 아픔

남편과 출산 준비를 하다 • 97
아이는 우주만큼 소중하다 • 100
쌍둥이가 태어나던 날 • 102
출산 후 통증으로 고생하다 • 104
산후조리원에 들어가다 • 107
나의 산후조리원 생활 • 109

8장 쌍둥이를 키우며

쌍둥이 이름 짓기 • 115
한 달 만에 집으로 • 120
나의 은인, 도우미 아주머니 • 124
쌍둥이를 시댁으로 보내다 • 129

9장 백일을 지내고 돌을 맞다

쌍둥이의 백일잔치 • 135
스스로 자라는 아이들 • 139
세상의 1년 맞이 돌잔치 • 143
세상에 적응하는 연습 • 145

에필로그 • 150
쌍둥이의 사진 일기 • 155

1장
...
쌍둥이와의 첫 만남

우리 쌍둥이,
            # 어느 별에서 왔니?

"아~ 앙앙!"

우렁찬 울음소리를 듣는 순간, 나는 아이가 태어났음을 깨달았다. 아이가 바로 옆에 있었지만, 아직 마취에서 완전히 깨지 않은 내 귀에는 아주 커다란 혼성 2중주의 울음소리가 마치 꿈속에서 울리는 음악 소리처럼 들렸다.

"축하합니다. 쌍둥이예요. 왕자님과 공주님입니다!"

간호사가 아이 둘을 보여줬는데 내 아이지만 그렇게 신기해 보일 수 없었다. 마치 눈앞에 일어난 기적을 보는 느낌이었다.

간호사는 아이를 안아 나의 유두에 입을 맞추게 해주었다. 아이들에게 엄마의 체취를 느끼게 해주기 위해서였다. 아마 아이들은 스스로 인식하지 못하겠지만 평생 엄마의 냄새를 잊지 못할 것이다.

2006년 2월 23일 오후 즈음, 쌍둥이 중에서 1분 먼저 아들이 태어났다. 아들은 마치 깎아놓은 밤톨처럼 보였다. 머리숱은 적은 편이었다. 1분 뒤에 나온 딸은 빚어놓은 송편처럼 보였는데, 태어날 때부터 예쁘게 보이려고 그랬는지 머리숱이 제법 자라 있었다.

아이들의 손과 발을 보았는데 그렇게 앙증맞고 귀여울 수가 없었다. 손을 뻗어 만져보고 싶었는데 링거 주사를 맞고 있어서 그럴 수 없었다. 아쉬웠다.

간호사가 아이들을 강보에 싸서 아기 침대에 누이는 것을 옆으로 보면서 계속 눈을 뗄 수 없었다. 마취가 풀리면서 통증이 계속됐지만 아픔보다는 탄생의 기쁨이 더 컸다.

'아! 드디어 내 아이들이 태어났구나.'

그랬다. 그것은 기적이었다. 생명의 탄생은 우주가 생겨난 것에 비길 만한 기적이라 하지 않을 수 없었다. 말로 다 표현할 수 없는 기쁨이 온몸에 차올라 나도 모르게 두 눈에서 눈물이 주르륵 흘러내렸다.

이제 나는 엄마가 되었다. 이제 나는 두 아이의 엄마이고 새로운 삶이 시작된 것이다. 깊은 숨을 들이쉬며 나도 모르게 주먹이 쥐어졌다.

쌍둥이
출산 전날

　내 아이들이 쌍둥이라는 것은 진작부터 알고 있었다. 병원에서 초음파검사를 통해 쌍둥이라는 것을 알고 가르쳐줬기 때문이다.
　임신 37주 3일째 되던 날, 의사가 출산 예정일을 정해준 하루 전날 밤. 나는 출산을 위해 병원에 갈 준비를 했다. 아이들에게 입힐 영아복과 젖꼭지, 기저귀 등을 차곡차곡 챙겼다. 그리고 육아일기에 이렇게 썼다.

　　사랑스런 아가들아! 잘들 잤니?
　　엄마는 새벽에 배가 고파서 아빠에게 과일을 깎아달라고 해서 맛있게 먹고 잤단다. 왜 그리 배가 고프던지….
　　육아일기를 쓰고 나서 너희들을 맞이할 준비를 하기 위해 물건들을 하나하나 정리해서 병원에 갈 준비를 했다.
 오늘 오후에 입원해서 내일 낮이면 우리 귀염둥이들을 볼 수 있겠구나.
 우리 아가들! 엄마가 이다음에 글을 쓸 때는 너희들이 엄마 곁에서 방긋방긋 웃고 있겠지? 그것을 생각하면 마음이 설레고 벅차오른다.
 사랑스런 우리 아가들! 엄마 아빠랑 우리 서로 건강하고 밝은 모습으로 만나자구나.

-너희를 낳기 전날, 집에서

쌍둥이,
세상에 나오다

 다음 날 아침, 남편의 차를 타고 서울 충무로 언덕배기에 있는 삼성제일병원에 갔다.
 문을 열고 병원에 들어서는 순간 나는 남편의 손을 꼭 잡았다. 나도 모르게 긴장이 되어 손바닥에 땀이 배었다. 쌍둥이였기 때문에 다른 임신부보다 더 부풀어 오른 산만 한 배를 두 손으로 감싸고 어기적거리며 엘리베이터를 탈 때는 설렘과 두려움이 교차하며 복잡한 감정에 휩싸였다.
 오래 다녔던 병원이었으므로 입원 절차는 간단했다. 나는 쌍둥이를 임신해서 제왕절개를 하기로 되어 있었다.
 침대에 누워 있는데 수술을 기다리는 시간이 길게 느껴졌다. 남편과 이야기를 하며 마음을 평안하게 먹으려고 애썼다.
 오전 11시경, 간호사가 와서 "수술실로 들어갑니다"라고 이야기했다. 남편은 나의 손을 꼭 잡으며 "잘하고 와!"라고 말했는데 두려운 마음에 귀에 잘 들어오지 않았다.

바퀴가 달린 침대에 실려 수술실로 들어서자 전혀 새로운 풍경이 펼쳐졌다.

누구나 수술실에 들어서면 두려움에 주눅이 들게 마련이다. 일단 냉장고에 들어온 것 같은 서늘한 온도가 마음을 움츠러들게 만든다. 은색 큰 쟁반 같은 천장의 틀 속에 알알이 박힌 둥근 조명등마저 매우 위압적이다.

주변에는 뚜우뚜우 하거나 삐익삐익 하는 기계음이 쉴 새 없이 이어졌다. 흰색 가운을 입은 의사와 초록색 가운의 간호사가 수술 도구들을 덜그럭거리며 바삐 다니는데 누구나 겁을 먹을 수밖에 없다.

가슴은 쿵쿵 뛰고 두렵기만 했다.

'잘되겠지.'

눈을 감아버렸다.

"환자분! 마취를 할 겁니다."

"네~."

가느다란 소리로 짧게 대답을 했는데 깜빡 정신이 가물가물해져버렸다.

척추를 부분 마취 할 때는 숨이 멎는 줄 알았다. 쌍태아였기 때문에 배가 너무 불러 등이 구부러지지 않아서 너무 곤욕스러웠다. 의식은 있었지만 몽롱한 기분이었다. 부분 마취의 경우 수술 중 산모의 의식은 깨어 있으므로 아기가 태어나는 탄생의 순간을 느낄 수 있다. 그래서 부분 마취를 원하는 임신부의 대다수는 바로 이런 점 때문에 이를 선택한다. 또한 부분 마취는 회복 시간이 빠르고 수술이 끝난 후 전신 마취에 비해 통증의 강도가 적다고도 한다.

통증은 마치 바닷가의 큰 파도처럼 12초 간격으로 왔지만 견디지 못할 정도는 아니었다.

제왕절개를 하는 순간, 아기를 꺼낼 때는 찰흙을 잡아당기는 느낌이었고 빠져나갈 때는 왠지 허전한 느낌마저 들었다.

'아! 이제 아이들이 내 몸에서 빠져 세상으로 나오는구나.'

이런 생각을 하고 있는데 간호사가 내 얼굴을 흔들었다.

"환자분! 눈 떠보세요. 아기입니다."

"축하합니다. 왕자님입니다."

간호사는 아기를 보여주고 엄마의 유두에 입을 맞추게 해주며 엄마의 체취를 느끼게 해주었다. 이어서 뱃속 오른쪽 아기를 꺼내는데, 순간 머릿속이 까마득했다.

'또 아들이면 어쩌지?'

이런 생각을 하는데 "축하드립니다. 원샷입니다!"라는 말이 들렸다. 그 말에 내가 "네?"라고 했더니 "공주님입니다" 하는 말이 돌아오는 게 아닌가? 이 세상을 다 가진 기분이었다. 그

기분을 이루 표현할 수 없었다.

아이들은 이란성 쌍둥이였다. 의사가 "왕자님, 공주님"이라고 얘기할 때는 마치 시험에서 100점을 맞은 기분이었다.

한 번에 아들과 딸을 낳아 숙제를 끝내다니…. 나는 너무 기뻐서 꿈인가! 생시인가! 분간이 안 갔다.

나는 아기가 태어나자마자 손가락과 발가락 먼저 세어보았다. 혹시나 해서였다. 역시나 건강한 아이들로 태어나줬다. 기뻤다.

세상을 모두 얻은 기쁨에 가슴이 벅차올랐다. 우리 어머니가 나를 낳을 때는 마흔다섯이었다. 그렇게 늦게 낳아주신 이 늦둥이 막내가 건강한 쌍둥이를 낳은 것이다. 기쁨의 눈물을 흘리지 않을 수 없었다. 더욱이 나와 쌍둥이는 36년 차이 나는 개띠 띠동갑이었다.

나는 아기 침대에 누워 새근새근 자고 있는 쌍둥이를 눈이 시리도록 자주 보고 또 보았다.

2장
...
어머니와 아버지,
그리고 나

선산에 가서 임신 소식을 전하며

나는 쌍둥이를 낳았기 때문에 기쁨도 두 배였다.

내가 쌍둥이를 임신했음을 알게 된 것은 임신 6주 차 때였다. 정기검진을 한 담당 의사는 흐릿한 초음파 사진을 보여주며 "쌍둥이 같다"는 이야기를 하였다.

그 이야기를 듣고 나도 모르게 입이 벌어졌다. 한 번에 두 번의 출산을 해결하게 되었으니 기쁘지 않을 수 없었다. 게다가 나는 서른여섯으로 노산이었기 때문에 둘째를 가지려면 많은 노력과 계획이 필요했으므로 더욱 기뻤다.

'어떻게 생긴 쌍둥이일까?'

쌍둥이 유모차에 앉아 있는 아기들을 생각하는 것만으로도 미소가 절로 나왔다.

임신 사실을 아는 순간 한편으로는 놀랐지만, 또 다른 한편

으론 기분이 묘했다. 어머니를 하늘나라로 보내드린 지 얼마 안 되었기 때문이다.

임신 진료 후, 남편과 함께 소주 한 병과 마른오징어를 사 가지고 열심히 운전하여 친정어머니와 아버지가 계신 선산에 갔다. 장모님과 장인어른께 인사하는 남편의 눈엔 눈물이 글썽였고, 나 역시도 부모님 생각이 나서 눈물을 흘렸다. 어머니와 아버지가 살아 계셨으면 얼마나 좋았을까. 마음이 뭉클해졌다.

어쨌든 한 번에 두 자녀 이상을 가지는 쌍둥이는 축복이다. 나는 조금 늦은 출산이지만 그 축복을 마음껏 누렸다.

늦둥이 막내딸로 태어나다

"아이고! 우리 경남이. 너 시집갈 때까지 내가 살아야 하는데…. 늘 걱정이다."

어머니가 생전에 늘 하시던 말씀이다. 어머니가 입버릇처럼 그런 말씀을 하신 데는 이유가 있었다. 나는 어머니의 나이 마흔다섯에 낳은 늦둥이였기 때문이다.

마흔다섯의 출산. 노산도 이만저만 노산이 아니었다. 지금이야 노산을 하는 임신부가 대폭 늘었지만 예전에는 30대 중반만 넘어서 아이를 낳아도 늦둥이라고 얘기하며 부끄러워했다.

여자의 나이가 30대 중반이 넘어가면 신체의 활성도가 낮아지고 난자의 질이 급격하게 떨어지기 때문에 임신이 점점 어렵게 된다. 임신이 된다 해도 건강한 신생아를 낳을 확률이 상대적으로 낮아지기 때문에 의학적으로는 젊은 나이에 출산을 하는 것이 좋다. 하지만 요즘은 임신부의 영양 상태가 좋아지고 의학이 발달하여 늦둥이 출산이 점점 많아지고 있다. 무엇보다도 권태로울 수 있는 가정에 늦둥이는 신선한 활력을 불어넣고 주위에서 축복해준다.

공자, 판관 포청천, 천재 화가 이중섭 등이 늦둥이라 한다. 특히 공자는 아버지 숙량흘이 70세가 넘어 얻은 아들이다.

나는 아버지 이승로과 어머니 고기녀 사이에서 1남 2녀 중 늦둥이 막내로 충북 진천에서 태어났다. 내가 태어났을 때 아버지는 50대 초인 54세, 어머니는 45세였다. 이렇게 늦둥이로 태어났기 때문에 나는 부모님과 형제들의 사랑을 듬뿍 받았다.

아버지는 두 형제 중 막내로, 충북 진천에서 태어나셨다. 일제강점기의 어려운 환경에서 태어나 사셨지만 늘 활기를 잃지 않으셨다. 모두 어려운 시절이었지만 집안 형편은 중농(中農) 정도로 부유하지도 가난하지도 않았다고 한다.

아버지는 다재다능하셨다. 씨름 대회에 나가 1등을 하기도 하고, 모든 악기를 잘 다루셨다. 충청도 양반답게 집안에 제사가 있을 때마다 삿갓을 쓰고 두루마기를 입고 조상들을 지극정성으로 모셨다. 인품이 차분하고 성실하고 부지런하셨고, 마을 사람들에게 베풂의 손길을 마다하지 않으셨다. 친척이나 동네의 큰 경조사가 있을 때마다 솔선수범 먼저 나서서 손을 도왔으므로 소문이 날 정도로 신뢰를 쌓으셨다.

아버지는 늦둥이 막내딸을 애지중지하셨다. 어디를 갈 때마다 나를 꼭 데리고 다니셨다. 잔칫집에 갈 때도, 산책을 할 때도 내 손을 꼭 잡고 다니기를 즐기셨다. 내 나이 7살 어느 날, 눈이 쌓인 뒷산에 같이 올라 멀리 마을을 바라보시던 아버지의 눈길이 지금도 선연하게 떠오른다.

아버지는 직접 찰밥을 해서 주셨고, 과일도 매일같이 손수 깎아 내 입에 넣어주시곤 했다. 당시에는 랩이 없었기 때문에 비닐봉지로 덮거나 그릇에 담아놓았다가 내가 집에 돌아오면 자상하게 챙겨주셨다. 내가 사과를 먹는 모습을 흐뭇하게 바라보시던 모습이 지금도 떠오른다.

워낙 늦은 나이에 얻은 막내딸이다 보니 금지옥엽 지극정성으로 사랑해주셨고 애지중지하셨던 아버지였다. 하지만 아버지는 내 나이 9살 때 63세를 일기로 병으로 돌아가셨다. 당시의 평균수명으로 보면 일찍 돌아가셨다 할 수는 없지만, 내가 늦둥이였기 때문에 나는 어린 나이에 아버지를 여읜 막내가 되고 말았다.

아버지가 차분한 성품이라면 어머니는 여장부 스타일이었다. 어머니는 2남 1녀 중 장녀로 강원도 양구에서 태어났다. 장녀의 기질을 타고나 손이 크고 마음씀씀이 또한 넓었다.

충청도 양반과 강원도 산골 처녀가 집안 친척분의 친한 지인의 소개로 결혼하시게 되었다.

어머니는 머리가 명석하고 활달해서 20대 초 젊은 시절에 소학당식 서당에서 여러 학생들에게 한문과 한글을 가르쳐주기도 하셨다. 또한 이웃들의 어려운 형편을 외면하지 않으셨다. 누군가 와서 손을 벌리면 아까워하지 않으셨고 우리보다 더 어려운 이웃에게 쌀독을 자주 여셨다.

"아이고, 그만 좀 퍼줘!"

어머니가 몸소 나서서 어려운 이웃들의 의식주 해결에 도움이 될 만한 일을 하도 자주 하다 보니 아버지가 하신 말씀이다.

"못 본 체할 수는 없잖아요."

어머니는 정이 많고 애교도 많으셨으므로 아버지는 웃고 넘어가시곤 했다.

어머니는 적극적인 성격에 친화력이 좋았으므로 이웃들에게 인기가 많았다. 마을 사람, 친구, 동네 언니 동생 누구나 할 것 없이 어머니를 좋아했다. 어머니는 시집의 큰아버지 아들인 조카들까지 대학 공부를 시키느라 고생을 많이 하셨다.

"문지방에 올라서지 마라."

"음식 먹을 때는 웃어른이 먼저 드신 다음에 먹어야 한다."

"사람은 인사성이 밝아야 한다. 먼저 인사하고 예의를 표해라."

어머니는 이런 말씀을 자주 해주셨다. 전통 예절이지만 나는 지금까지도 어머님의 말씀이 생생하게 기억나곤 한다.

아울러 어머니는 이야기꾼이었다. 내 나이 7살 때부터는 나를 꼭 안고 일주일에 한 번꼴로 옛날이야기를 들려주시곤 했다. 호랑이와 곶감, 선녀와 나무꾼, 흥부와 놀부 등이었다.
"사람은 착하고 성실하고 부지런해야 하고 많이많이 베풀어야 한단다. 욕심을 부리면 안 된다."
나에게 해주셨던 말씀이 생각난다.
살갑고, 정이 많고, 애교 넘치고, 카리스마도 있으셨던 어머니는 이 세상에 하나뿐인 나의 보금자리이자 기둥이었다. 그런 어머니도 내가 서른여섯 될 무렵에 돌아가시고 말았다.
어머니가 그렇게 소원하셨던 결혼은 한 상태였지만 애타게 기다렸던 손주는 못 보고 가셨다. 어머니가 돌아가시고 얼마 지나지 않아 쌍둥이가 생겼는데, 이 애틋한 막내에게 아름다운 삶을 열심히 살아가라고 선물해주신 것 같았다.

진달래 먹고 물장구치던 나의 어린 시절

내 어렸을 때 별명은 '서리배'였다. '서리배'는 추워질 때 내리는 '서리'와 '무리를 이룬 사람'을 뜻하는 접미사 '배(輩)'를 합쳐 만든 말이었다. 어머니의 머리에 흰머리인 서리가 내릴 때 낳은 늦둥이라는 뜻이었다. 동네 어른들이 놀리느라 지어준 별명이지만 나는 그것이 크게 싫지도 좋지도 않았다.

내가 태어난 충청북도 진천은 살기 좋은 곳이다. 넓은 들과 풍부한 물, 야트막한 산으로 이루어진 진천은 예로부터 살기 좋은 마을의 대명사처럼 불렸다. '생거진천(生居鎭川) 사거용인(死居龍仁)'이라는 말이 있다. '살아서는 진천이 좋고, 죽어서는 용인에 묻힌다'는 뜻으로, 진천이 얼마나 살기 좋은가를 대변하는 말이다. '생거진천'이라는 말은 진천군청의 캐치 프레이즈로도 사용되고 있을 만큼 널리 알려지고 있다.

진천에는 쌀이 유명하다. 차령산맥의 산줄기로 둘러싸인 분지이며, 지형과 기후가 벼 재배에 유리하고, 토양이 기름지고, 미호천 덕분에 수량이 넉넉하며, 일조량이 풍부하고 일교차가 커서 질 좋은 쌀이 생산된다. 그래서 나는 어렸을 때 잡곡을 많이 먹지 않고 주로 쌀밥을 먹고 자랐다. 아직 개발도상국이어서 소득 수준이 높지 않았던 1970년대 초반에도 나는 배를 곯지는 않았던 것 같다.

나는 애지중지한 늦둥이였으므로 집안의 사랑과 마을 사람들의 귀여움을 독차지하고 지냈다. 성격이 쾌활했던 나는 개울가에서 붕어, 미꾸라지 등 물고기를 잡고, 헤엄도 치고 다이빙도 하고, 동네 친구들과 떼 지어 산딸기를 따러 다니기도 했다. 풀 뜯고 깨진 그릇을 주워 소꿉놀이도 하고, 겨울에는 눈썰매도 타고, 정월 대보름 때는 쥐불놀이도 즐겨 했다. 여자지만 남자애들에게도 기죽지 않고 동네 골목대장처럼 즐겁게 지냈다.

오랜 시간이 지난 지금도 어렸을 때 마을에서 놀던 기억이 어제 일처럼 떠오르곤 한다. 지금 생각해보면 아낌없이 사랑을 주셨던 부모님 덕분에 아무 걱정 없이 참으로 밝고 낙천적인 성격으로 자랄 수 있었던 것 같다.

'내리 사랑'이라고 하던가? 어린 시절 부모님으로부터 사랑을 듬뿍 받아서 지금 내가 쌍둥이들에게 아낌없이 사랑을 쏟을 수 있는 거 아닌가 하는 생각이 들기도 한다. 사랑도 받아본 사람이 줄 줄 안다. 어렸을 때 폭력 가정에서 자란 사람은 나중에 폭력적인 성향을 띨 확률이 높다고 한다. 학대를 받은 사람은 자식들을 학대할 가능성이 높다고 한다. 사랑은 대물려간다.

7살 때 새참으로 감자와 고구마를 쪄서 바구니에 담아 머리에 이고 부모님이 일하는 들판으로 갖다드렸던 기억이 난다. 논두렁 밭두렁을 지나면서 넘어지지 않으려고 애썼던 기억이 웃음 짓게 한다.

"어휴, 우리 막내가 새참을 가져왔구나."

부모님은 흙 묻은 손으로 내 등을 두드리며 크게 칭찬하고 기뻐하셨다. 정말 나의 어린 날은 어떤 가수의 노랫말처럼 "진달래 먹고 물장구치고 다람쥐 쫓던" 시절이었다. 땟국물이 줄줄 흘러도, 비싼 장난감이 없어도, 풍요롭지 않아도 즐겁고 행복하기만 했던 나날이었다.

9살 때는 한독주식회사에 다니던 친언니가 빨간 구두와 원피스, 예쁜 바지 등 모델들이 입는 예쁜 옷을 친정에 올 때마다 사다줘서 입고 다니기도 했다. 나는 그 예쁜 옷을 입고 부모님과 형제들에게 재롱을 떨고 애교도 부리는 그런 막내였다.

하지만 지상의 천국 같던 진천 생활은 9살 끝 무렵, 막을 내리고 말았다. 아버지가 병으로 갑자기 돌아가셨기 때문이다. 아버지의 예기치 않은 죽음은 우리 집의 상황을 완전히 뒤바꿔 놓았다.

본래 진천이 고향이 아니었던 어머니는 홀로 농사를 지을 수 없었다. 아마 어머니는 깊이 고민하셨던 것 같다. 진천에서 계속 사느냐? 다른 곳으로 옮기느냐?

결국 어머니는 이주를 선택하셨다. 아들과 함께 살기로 한 것이다. 마침, 오빠 또한 홀어머니와 여동생만 시골에 둘 수 없다고 생각했다 한다. 고민 끝에 오빠가 공부하던 하숙방을 정리하고 넓은 집으로 이사하여 가족 셋이 함께 살게 되었다. 오빠가 취업한 후에는 어여쁜 올케 언니와 결혼하여 조카들 4명과 함께 정을 나누며 살았다.

어머니가 아들을 선택한 것은 이미 50대 중반의 나이에 진천에서 막내딸 하나를 데리고 살기가 너무 버겁고 사는 재미도 없을 것이라 판단했기 때문이라 짐작된다. 그리고 그 판단은 틀리지 않았다. 어머니는 돌아가시기 전까지 자녀들과 함께 외롭지 않게 생활하셨다.

어머니는 진천의 모든 재산을 처분하여 오빠 집으로 합류했다. 그 뒤로 한지붕 밑에서 8명의 대가족이 살게 되었다. 이미 시집을 간 언니도 서울에 살고 있었으므로 우리의 근거지는 갑자기 농촌에서 도회지가 되어버렸다.

이로서 물장구치던 시골 생활은 끝나고 나는 도시 소녀가 되어갔다.

인천,
도시로 가다

    9살. 눈앞의 풍경이 달라졌다. 신나게 뛰놀던 푸른 들판이 사라지고 빼꼭히 회색 콘크리트 건물이 들어섰다.
    도회지의 풍경은 매우 낯설었다. 나는 두려운 생각에 어머니와 떨어지지 않으려고 손을 꼭 잡았다. 오빠와 어머니 셋이 함께 살 집으로 이사하니 기분은 새로웠다.
    학교도 옮겨야 했다. 충북 진천의 매산국민학교 3학년 1학기 때 아버지가 돌아가셔서 거주지를 옮겼기 때문에 인천의 한 국민학교로 전학했다.
    학교도 매우 낯설었다. 함께 뛰놀던 친구도 없었으므로 한 동안 가족에게만 매달렸다. 하지만 나는 아직 어렸고 비교적 적극적인 성격이었기 때문에 빠르게 적응해갔다. 그렇게 나는 점점 도시인이 되어갔다.

국민학교를 졸업한 후, 인천에 있는 중학교에 입학했다. 중학교 때 나는 차분하고 쾌활한 학생이었다. 합창부, 미술부, 글짓기에 소질이 있어 상을 타기도 했고 반 친구들의 권유로 치어리더도 했다. 연극 〈마지막 잎새〉에서 여주인공의 이웃인 화가 베어먼 할아버지 목소리를 내며 공연했던 기억도 난다.

고등학교는, 다니던 회사에서 오빠가 승진하여 식구들이 모두 안양으로 이사를 하는 바람에 안양에 있는 여자상업고등학교로 전학하여 졸업했다. 내가 일반계 고등학교를 가지 않고 상업 고등학교를 택했던 이유는 공부보다는 집안 형편 때문이었다. 오빠에게만 기댈 수 없었기 때문에 어머니는 빨리 자립할 수 있는 길을 택하기를 권했던 것이다.

학교에서 전교생을 대상으로 성격 테스트를 하였는데 친구들 중 제일 표준으로 나와 담임선생님께서 칭찬해주신 기억이 난다. 그리고 마음에 드는 친구에게 편지 써주기를 했는데 제일 많이 편지를 받아서 기뻐했던 기억도 난다. 친구들과 잘 어울렸던지, 오락과 반장, 상업영어과 반장, 현대문학과 반장으로 친구들이 나를 추천해주어 학창 시절을 즐겁게 보냈다. 성나자로 마을에 초대받아 친구들과 함께 연극으로 봉사한 기억도 난다.

외교부에 들어가다

고등학교 졸업 후, 좋은 곳에 취업하길 바라는 어머니의 마음을 헤아려 나는 한동안 열심히 취업 준비를 했다. 여러 좋은 회사들에 공채, 특채로 시험을 보아 운 좋게도 채용되었다. 하지만 두세 달 다니다가 그만두었다. 그럴 때마다 어머니는 나를 크게 꾸중하셨다. 그러나 나는 꾸중을 들어도 후회하지 않았다. 나는 방송 분야에 관심이 있었다. 그래서 시험도 보고, 내가 하고 싶은 대로 하며 잠시 방황했다.

그러던 어느 날, 사회에서 알게 된 한 원장님에게 소개를 듣게 되었다.

"경남아! 외무부 시험을 한번 보지 않을래?"

"외무부요?"

"그래. 국가 공무원이라 기업체와 다른 점이 많을 거야. 되려 방송 쪽보다도 너에게 의미 있는 멋진 직장이 될 거 같다. 엄마도 행복해하실 거야."

당시는 외교부를 외무부라 불렀다. 우리나라는 1948년 정부 수립 때부터 1998년까지 외교를 담당하는 부처를 외무부라 지칭했다. 1998년 김대중 정부가 들어서면서 외무부와 통상산업부의 무역 업무를 합쳐서 외교통상부로 바꾸었다가, 2013년에 출범한 박근혜 정부에서 통상 업무를 산업통상자원부로 보내고 외교만을 담당하는 외교부로 개편해 현재에 이르고 있다.

나는 정부 부처에서 일할 수 있다는 생각에 가슴이 뛰었다. 더 마음에 끌린 것은 전 세계 해외 공관을 통해 우리나라 외교의 장을 더욱 넓힐 수 있다는 점이었다.

외교부에 들어가고는 싶었지만 과연 내가 그런 곳에 들어갈 수 있을지 자신이 없었다. 많이 고민하다가 한번 도전해보기로 했다.

'이 막내가 엄마께 취업 선물을 해드릴게요.'

이렇게 결심하고 그날부터 죽어라 시험 준비를 했다. 도서관도 다니면서 최선을 다하였다.

드디어 나는 외교부 특채 시험에 응시했다. 경쟁률이 높았지만 3차 시험까지 치른 끝에 합격하게 되었다. 합격 통지를 받고 나는 어머니에게 달려갔다.

"엄마! 나 합격했어!"

"참 잘했다. 우리 막내딸!"

어머니는 눈물을 글썽거리셨고, 기뻐하면서 나를 껴안아주셨다.

"우리 경남이 이제 번듯한 직장에 다닐 수 있게 되었구나. 고맙다."

이후 나는 25년 넘게 외교부에서 최선을 다하며 일하고 있다. 열심히 일하다 보니 마음속에 열정이 생긴다. 결손 아동들에게 따뜻한 손길을 전하고 싶고, 유엔난민기구 친선대사의 꿈도 키워가고 있다.

3장

나의 결혼 이야기

남편과의
자연스러운 결혼

어렸을 때부터 나는 결혼에 대해 많은 꿈을 꾸었다. 나의 배우자는 누구일까? 백마 탄 왕자일까?

남편과는 모임에서 만났다. 남편의 진솔하고 차분한 면이 맘에 들었다. 남편은 건축 설계 분야에서 일했는데, 자신감 있고 진취적인 모습이 참 보기 좋았다. 건물을 직접 설계하며, 외국 건물 못지않은 튼튼하고 멋진 건물을 만들기 위해 노력하는 자세도 마음에 들었다. 남편은 먼 훗날 우리 가족이 살 집을 설계하는 꿈을 꾸기도 했다.

만난 지 6개월 만에 남편이 '박강성 라이브카페'에서 음악과 함께 18K 어린왕자 목걸이로 프러포즈를 했다. 얼마 후 커플링으로 다시 프러포즈하여 우리는 결혼하게 되었다.

남편은 장남이었다. 남편을 만난 지 얼마 안 되어 시부모님은 시집간 시누이와 함께 임금님 수라상 못지않은 음식을 차려 집으로 초대해주셨다. 남편은 아마 '이 여자 아니면 평생 후회하겠다'는 생각을 한 것 같았다.

　내 결혼 당시 어머니는 76세였고, 나는 어머니의 소원을 풀어드렸다.

결혼의 의미를 다시 생각하다

　사람의 일생은 결혼 전과 결혼 후로 나뉜다. 결혼을 기점으로 삶이 완전히 달라진다. 결혼 전에는 대부분 부모의 품에서 보살핌을 받으며 생활하지만, 결혼 후에는 완전히 독립된 인간으로서 책임감을 가지고 행동해야 한다. 그래서 결혼을 해야만 진정한 의미의 '성인-어른'이 된다고들 한다.

　나는 결혼한 지 10년이 지났지만 지금 생각해보면 결혼의 의미에 대해 깊게 생각해보지 않은 것 같다. 그러나 결혼을 했건 안 했건 결혼의 의미에 대해서 한 번쯤은 깊게 성찰해볼 필요가 있다고 생각한다.

　왜 사람들은 결혼을 할까?

　개인적 동기로 가장 강렬한 이유는 사랑하는 사람과 함께 살고 싶기 때문이다. 사랑하는 사람과 함께 살면 합법적으로 성적 욕구를 충족시킬 수 있다. 이를 통해 서로 사랑하고 의지하며 정서적 만족감과 안정감을 얻게 된다.

생물학적 이유도 있다. 결혼은 자손을 낳아 자신의 유전자를 후세에 전달하기 위한 본능적인 행동이다. 세계적인 과학자 리처드 도킨스의 책 《이기적 유전자》에 따르면, 인간은 유전자의 보존을 위해 사는 개체일 뿐이다.

부모는 유전자를 보존하기 위해 결혼을 하고 열심히 자식을 돌본다. 자식을 기를 때도 어떤 자원을 가지고 어떻게 노력해야 가장 효과적으로 자신의 유전자를 보존할 수 있을지 고민하고 판단하여 행동한다. 즉 결혼은 유전자 보존을 위해 좋은 유전자를 가진 이성을 찾아서 결합하고, 그렇게 태어난 후세를 잘 키우기 위해 노력하는 본능적 행동이다.

또한 결혼은 경제적 행동이다. 결혼을 통해 두 사람은 생산 활동을 함께하여 경제적 안정을 이루고자 한다. 하지만 결혼생활을 유지하고 양육해야 하는 경제적 부담과 사회적 책임도 동시에 발생한다.

사회적인 동기도 있다. 결혼을 하면 독립된 성인으로 인정받게 된다. 결혼이란 두 남녀가 법적, 사회적으로 결합하여 새로운 가족을 만들어 유지함으로써 사회를 존속시키는 제도다. 결혼을 통해 사회적 지위를 얻는 동시에 인간관계가 넓어지고 가족과 사회를 지속적으로 유지하고 발전시킬 수 있다.

대부분의 국가에서는 단지 결혼으로만 아기를 낳을 수 있도록 결혼에 정당성을 부여한다. 그래서 결혼하지 않고 낳은 아기의 엄마를 미혼모라 한다. 가족관계를 등록하는 일도 상당히 복잡하다. 따라서 결혼이란 남녀 두 사람의 성적, 유전적, 경제적 결합을 사회로부터 공인받는 것이다.

이와 같은 역할 때문에 결혼을 '제2의 탄생'이라고 한다.

결혼을 하면 책임과 의무가 따른다. 이를 통해 인간은 성숙한 인격체가 되는 것이다.

하지만 결혼은 이제까지 다른 환경에서 자라고 다른 경험을 한 두 남녀가 한 공간에서 공동생활을 하는 것이기 때문에, 다양하게 부딪힐 수밖에 없다. 가치관이나 생활습관이 서로 달라서 갈등하고, 이를 해결하기 위하여 엄청난 에너지를 소모하게 된다.

오죽하면 덴마크의 철학자 키르케고르가 이렇게 말했을까?

결혼을 하라. 그러면 그대는 후회할 것이다.
결혼을 하지 마라. 그래도 역시 그대는 후회할 것이다.
결혼을 하든 안 하든 그대는 후회할 것이다.

그러므로 결혼을 하면 상대방을 인정하고 상대의 가치관과 주장을 존중하며 서로 조정할 수 있어야 한다. 물론 어느 누구에게도 쉽지 않다. 사회적으로 성숙한 듯 보이는 사람들조차 이혼했다는 기사를 자주 보는데, 그럴 때마다 깜짝 놀란다.

   나의 결혼 생활 역시 끝없는 항해였고, 지금도 나는 항해 중이다.

출산 계획

 결혼을 하고 나는 당연히 아이를 가져야 한다고 생각했다. '결혼=출산'은 나에게 당연한 등식이었다.

 하지만 요즘 젊은이들은 출산을 기피한다. 우리나라의 출산율은 2014년 1.21명으로 세계 최저 수준이다. 미국과 일본, 유럽 등 선진국 어느 나라보다도 낮다. 평균 수명은 계속 늘어나는데 출산율이 지속적으로 줄어들고 있어 우리나라 인구는 끝내 5천만 명을 돌파하지 못하고 오는 2021년부터는 오히려 줄어들 것이라는 전망도 나오고 있다.

 젊은이들이 출산을 기피하는 가장 큰 이유는 한마디로 "먹고살기 힘들기 때문"이라고 한다. 취업이 어려운 상황에서 아기를 갖게 되면 사회생활도 포기해야 되고 경제적인 부담이 많이 커지기 때문에 기피하는 것이다.

결혼을 아예 안 하거나 결혼 후에도 아이를 갖지 않는 딩크족도 늘어나고 있다. 딩크족은 정상적으로 부부 생활을 하면서 의도적으로 자녀를 두지 않는 맞벌이 부부를 말한다.

나에게도 마음의 큰 숙제가 있었다. 아이를 빨리 가져 친정어머니에게 선물을 해드리고 싶었다. 그러기 위해 노력했지만 임신도 하기 전에 갑자기 어머니는 돌아가시고 말았다.

그러고 얼마 지나지 않아 친정 부모님과 부처님의 큰 선물로 1남 1녀를 갖게 되었다. 남편과 나는 2세는 하나보다는 둘이 좋겠다는 생각을 하였고, 아들과 딸은 꼭 있어야 한다고 생각했다.

생명은 신비하다. 원한다고 꼭 임신이 되는 것도 아니고, 원하지 않는데도 임신이 되어 어쩔 수 없이 낳는 경우도 있다. 그러나 결혼한 부부라면 출산 계획을 구체적으로 세워야 한다.

물론 출산 계획은 혼자서 세울 수 없다. 출산이 여성만의 문제라고 생각하면 큰 잘못이다. 성적 결합처럼 출산은 여성만 담당하는 것이 아니라 부부가 함께 해야 할 일이기 때문에 반드시 같이 상의하고 계획을 세워야 한다.

출산 계획을 세우지 않으면 예기치 않게 임신할 경우 매우 당황하게 되고 많은 문제를 겪을 수 있다. 육아 문제, 경제적 문제, 가족관계, 주거 공간의 문제 등 온갖 문제가 일어난다. 한 생명을 태어나게 하고 기르는 것은 그만큼 어려운 일이다.

출산에 대해 구체적으로 생각해두지 않으면 산후 우울증을 겪을 수도 있다. 일시적인 산후 우울감은 여성 대부분에게 자연스러운 증상이라고 하지만, 원하지 않은 임신의 경우 산후 우울증이 심각할 수 있다. 산후 우울증이 육아를 기피하고, 자녀를 냉대하고 학대하는 등의 문제로 이어질 수도 있다. 아이를 불행하게 만들 수 있는 것이다.

이런 이유 등으로 구체적인 출산 계획이 반드시 필요하다. 출산 시기, 육아 계획, 경제적인 대책, 일자리, 워킹맘으로서의 노력 등을 꼼꼼히 준비해야 한다. 이를 위해서 출산 계획서를 작성해보는 것도 좋은 방법이다.

결과적으로 나는 계획한 대로 출산을 했다. 지금도 이에 감사하며 열심히 살고 있다.

4장
...
어머니와의 이별

어머니의 죽음과 나팔관 수술

　결혼을 하고 출산을 계획하던 중, 갑자기 어머니가 돌아가셨다. 2005년 1월 말경, 어머니는 79세를 일기로 힘겨운 일생을 마감하셨다.
　나는 어머니가 45세 때 낳은 늦둥이 막내였고 아버지는 내가 9살 때 돌아가셨기에 어머니는 꾸준히 직장 다니다가 좋은 남자 만나서 결혼하는 게 제일 좋다고 강조하셨다. 그래서 나는 평범한 삶을 선택하게 된 것 같다.
　결혼 후 바로 2세를 가져 76세 친정어머니에게 선물해드리려 했지만 공직 생활이 워낙 바빠 그러지 못했다. 아울러 신혼 생활을 1년 이상이라도 하고 싶었기에 일과 신혼 생활에 열중하였다. 그 시기가 지난 후 친정어머니에게 2세 선물을 안겨드리기 위해 많이 노력했다.

남편과 함께 산부인과에 가서 임신을 위한 건강 정밀검사를 받았는데, 우리 둘 다 아무 이상이 없었다. 산부인과에 가서 임신 상담을 하고 배란일에 맞춰 임신을 위해 여러 차례 시도를 해보았다.

혈액검사 수치는 90퍼센트가 거의 넘게 나와서 임신 확률이 높았다. 그러나 배란은 잘 되었지만 임신은 되지 않았다.

'건강한 내가 왜 이러지. 아무 이상이 없는데….'

이런 생각을 하며 남편과 함께 나팔관 검사를 추가로 해본 결과, 양쪽 나팔관이 막혔다는 검진 결과가 나왔다.

남편은 나를 위로해주었지만, 나는 실망감과 좌절감에 젖어 마냥 울기만 했다. 산부인과 의사 선생님이 말했다.

"완치 확률은 미지수지만 양쪽 나팔관 뚫는 수술을 해보시겠어요?"

나는 마지막 지푸라기라도 잡고 싶은 심정이었다.

친정어머니가 돌아가시기 전에 효도해드리고 싶은 생각에 수술을 하기로 결정했다. 예민한 수술이기에 전신 마취를 하고 수술을 했다. 나팔관 수술은 성공적이었다.

"완치가 힘든 케이스인데 성공적으로 잘되었습니다."

의사 선생님이 축하해주었다. 그리고 "나팔관 수술은 했지만 나팔관이 다시 제 역할을 하는 것은 미지수"라고 하면서 노력해보라고 했다.

늦둥이 막내로서 어머니에게 마지막으로 2세를 안겨드리고 싶었지만 나의 바람은 쉽게 이루어지지 않았다.

어머니를 추억하며

어머니는 막내딸과 한 달에 한 번씩 꽃등심에 '청하' 술 한 병씩 러브샷도 해가며 데이트를 하셨다. 어머니는 막내딸과 데이트하는 것을 참 좋아하셨다. 조금씩 약주하시는 것도 좋아하셨고, 이 막내와 어디든 함께 다니는 것을 좋아하셨다.

나는 어머니가 롯데백화점 본점 부티크 옷을 좋아하셔서 자주 사드렸으며, 인천국제공항 근처에 있는 노천탕에 한 달에 한 번씩 모시고 가서 사우나도 했다. 그리고 2층 두레정 한정식 집에서 맛있는 식사를 하기도 했다. 깔깔깔 웃으며 이야기하시는 어머니의 모습이 참 좋았고 뿌듯했다.

어머니가 돌아가시기 전에 둘이서 제주도에 갔다 왔고, 태국 파타야로 해외여행을 다녀오기도 했다. 어머니와 세계일주를 못해서 마음이 아프지만 어쩔 수 없었다. 어머니와의 여행은 그것이 마지막이 되었다.

나는 매달 어머니를 위해 10만 원 이상 신용카드를 썼다. 지금 생각해보면 참 잘했다는 생각이 들지만, 한편으로 더 잘해드렸어야 했다는 생각도 든다. 해도 해도 후회가 되는 게 자식의 마음인가 보다.

친정어머니가 하늘나라로 가신 후 나는 매일같이 머리에 하얀 핀을 꽂고 울면서 출퇴근을 했다. 49일 동안 친정어머니에게 하루도 빼놓지 않고 편지를 썼다.

어머니가 50년 다니셨던 소백산 구인사에 사랑하는 어머니를 위해 4박 5일 기도를 드리러 가기도 했다. 그곳에서 유명한 스님이 나를 40분 동안 앉혀놓고 좋은 이야기를 해주는데, 나에게 "영이 참 맑다"고 했다. 어머니가 막내를 위해 특히 공을 드리셨다면서, 어머니 잃은 슬픔에 죽음이라는 나쁜 생각을 하지 말고, 직장을 그만두더라고 2세를 꼭 가지라고 했다.

4박 5일 마지막 날, 유명한 스님이 나를 포함한 500명 불자들에게 "어머님의 거룩한 마음"이라는 주제로 자식과 부모와의 전생의 만남에 대해 설법을 해주었다. 나는 하염없이 눈물을 쏟았다.

어머니의 49제를 마친 후 거의 3개월이 지나, 우울증에 빠져 있던 나는 이란성 쌍둥이 선물을 받았다. 부처님과 친정 부모님의 선물인 것 같았다. 안 좋은 생각 하지 말고 쌍둥이와 행복한 삶을 살아가라는 선물. 거기다 나와 쌍둥이는 36년 띠동갑이었기에 더더욱 그랬다.

세상에서 어머니와 딸의 관계만큼 신비스러운 것도 드물다. 어머니와 딸은 때로 가족으로, 여자로, 친구로 인생을 함께하는 동반자이다.

5장
…
나의 임신 초중반기

쌍둥이를 임신하다

"쌍둥이 같은데요…."

의사는 머리를 갸웃거리며 조심스럽게 말을 꺼냈다.

2005년 7월 10일. 일요일이었지만 나와 남편은 아침 일찍 서울 동대문구에 있는 마리아병원으로 향했다. 주말 진료는 직장인들을 위한 배려였다. 나는 한 달 전부터 생리가 끊겨 '혹시 임신이 아닐까?' 생각했다. 그래서 그 전날 복부 초음파검사를 받았던 것이다.

"좀 더 지켜봐야 하겠지만 임신이 확실하고요. 이란성 쌍둥이일 확률이 매우 높습니다."

담당 의사는 초음파 사진을 보여주며 설명했다. 사진 속의 영상이 너무 작아 구분하기 어려웠지만 복부의 작은 태낭은 확인할 수 있었다. 생명이 자궁 속에 아기집을 지으며 자리하기 시작하고 있었다. 나와 남편은 너무 놀라 입이 다물어지지 않았다.

"대략 6주쯤 지난 것으로 보입니다. 임신부 나이가 있으니까 항상 조심하시고 몸에 이상이 있으면 바로 병원에 나오십시오. 그리고 정기적으로 검진하셔야 합니다."

의사는 당부의 말을 하고 보관하라며 초음파 사진을 주었다. 우리는 너무 신기해서 초음파 사진을 몇 번이고 들여다보며 병원을 나왔다.

육아일기를 시작하며

"자기야! 육아일기를 쓰고 싶은데 자기 생각은 어때?"
"그래? 좋은 생각이야. 내가 노트를 사줄게."

우리 부부는 교보문고에 가서 두꺼운 양장 노트를 한 권 샀다. 귀여운 토끼들이 그려진 노트는 매우 예뻐 보였다.

내가 육아일기를 쓰겠다고 생각한 계기가 있다. 쌍둥이가 생기자 나의 '특별한 제3의 인생'이 시작됨을 느꼈기 때문이다.

먼 훗날이 되겠지만, 사랑스런 쌍둥이에게 물질적인 것에 앞서 엄마의 마음을 전해주고 싶었다. 내가 쌍둥이를 가지고 낳고 키우면서 매일매일 품었던 엄마 마음을 알려주고 싶었다. 또한 삶이 그리 녹록치 않으니, 아이들이 꿈을 가지고 이루며 살면서 힘들 때마다 '엄마의 육아일기'를 보며 이겨내길 바랐다.

그런 생각으로 몸이 무거워도 태어날 쌍둥이들을 생각하며 열심히 육아일기를 썼다.

　그날 나는 노트의 첫 장을 펼쳐 이렇게 적었다.

　나의 사랑하는, 사랑스런 쌍둥이 아가들에게!
　7월 9일. 엄마와 아빠는 새로운 생명이 엄마 몸에 숨겨져 있다는 것을 알게 되었어. 진단 결과, 엄마는 임신한 것도 너무 기뻤는데 이란성 쌍둥이라고 하니 너무 기쁜 나머지 눈물이 나왔어.

친정어머니가 계셨으면 참 좋아하셨을 텐데….
다음 장을 넘기며 나는 한동안 생각에 잠겼다.

　아가들아, 엄마가 어떻게 해야 우리 예쁜 아가들에게 엄마와 함께 호흡을 하는 동안 가장 행복한 태교를 해줄 수 있을까?
　이런 생각에 엄마는 걱정부터 앞선단다. 하지만 엄마와 아빠는 나름대로 우리 아가들을 위해서 최선을 다할 테니, 우리 아가들도 건강하고 똑똑하게 이 세상을 맞이하길 바란다.
　10개월 동안의 여행을 마치고 이 세상을 맞이한 후 너희는 언젠가 글을 깨우치게 될 거고, 또 어느 날 이 노트를 보게 되겠지. 그날을 위해 엄마는 우리 아가들을 위해 이 여정을 메모해보련다.

　　　　　　　　　　　　　　—2005년 7월 10일 (일요일)

다음 장에 이렇게 적고 나서 노트를 덮었다. 나의 '육아일기'는 이렇게 시작되었다.

사실 초등학교 때도 일기 쓰기를 그다지 좋아하진 않았다. 선생님께 칭찬받기 위해, 또 상을 타기 위해 열심히 썼을 뿐이었다. 그러던 내가, '육아일기'를 직접 쓰기 시작한 것이 새삼스러웠다. 하지만 한편으로는 하루하루 일상을 기록한다는 점에서 육아일기는 깊은 성찰과 사색의 계기가 되었다.

그렇게 시작한 '쌍둥이 육아일기'는 7년이나 계속되었다.

쌍둥이 육아일기를 쓰면서 나는 늘 행복했다.

> 육아일기를 쓰면서 나는 늘 행복하단다. 하루 일과 중 가장 행복한 때를 꼽는다면 육아일기 쓸 때와 음악 들을 때를 꼽을 거야.

육아일기에 이렇게 적을 정도였다.

입덧이 시작되다

　임신 소식의 기쁨도 잠시, 이내 고생의 시간이 다가왔다. 입덧이 슬슬 시작되었기 때문이다. 입덧은 임신부마다 개인차가 심해 일률적으로 말하기 힘들지만 나는 자못 심한 편이었다.
　나의 경우 일기를 살펴보면 입덧은 대략 7주 차부터 시작되었다. 나는 음식을 가리지 않고 잘 먹는 편인데, 웬일인지 속이 메슥거리고 울렁거렸다. 밥이 잘 들어가지 않고 모래알을 씹는 것 같았다. 그래서 처음에는 부드러운 요구르트 등으로 속을 달래곤 했다.
　임신부는 잘 먹어야 한다고 해서 억지로 먹으려 했지만 잘 먹지 못했다. 점심도 아욱된장국, 두부부침, 김 등을 싸 가서 사무실에서 먹었다. 그러나 여전히 속이 니글거렸다.
　특히 주말에 집에 있을 때면 속이 비기만 해도 울렁울렁거리고 기운이 없어서, 하루 종일 축 늘어져 제대로 앉아 있지도 못했다. 구토가 심해져서 탈진하기 직전일 때 남편이 운전해서 겨우 데리고 나가 음식을 먹었다.

남편은 음식점을 찾아 드라이브하면서 말했다.

"당기는 거 있으면 이야기해! 그걸로 먹자! 조금만 기운 차려봐!"

나는 그나마 입맛당기는 음식을 찾아 입덧을 달랬다. 많이 먹지도 못했지만 속이 비기 전까지는 조금은 괜찮았다.

속이 빌 때쯤이면 어김없이 니글니글거렸고, 그 순간 뭐라도 먹으면 좀 괜찮아졌다. 임신 초기 나의 입덧은 반복의 연속이었다.

입덧은 누구나 겪는 일이라고 마음 편하게 생각하기로 했다. 오빠 집에 가서 쌍둥이 임신 사실을 알리고 즐거운 기분으로 맛있는 음식을 먹기도 하고, 올케에게 도움이 되는 이야기를 많이 듣기도 했다.

"아가씨! 입덧이 심하면 아기가 건강하고 똑똑하다고 하잖아요. 너무 걱정하지 말아요."

걱정스럽기만 한 나에게 올케는 웃으며 말했다. 임신부의 임신 호르몬 분비가 심하면 입덧이 심하고, 입덧이 심하면 아기가 건강하고 유산도 하지 않는다는 이야기가 있다는데 믿을 수도 없고 정설도 아니라고 한다.

어쨌든 네 번이나 출산을 경험한 올케에게 많은 이야기를 듣고 산책도 하고 왔다. 오빠가 칼슘을 보충하라면서 조개구이를 해 줬다. 7월이라 과일이 풍부할 때라서 복숭아, 포도 등 신선한 과일도 많이 먹고, 남은 것을 싸 가지고 왔다.

입덧은 점점 심해졌다. 설렁탕도 먹고 스파게티도 먹고 다양한 음식을 먹으며 영양을 섭취하려 했지만 입덧은 쉽게 가라앉지 않았다.

이 시기의 육아일기를 보면 계속 입덧 이야기만 적혀 있다. 먹은 음식 이야기가 많고 메슥거리고 니글거린다는 이야기가 또 많아 일기를 다시 보면 웃음이 나온다.

짜장면, 불고기덮밥, 생선커틀릿…. 입덧을 하면서 정말 다양한 음식을 먹었다. 나의 경우 입덧이 심했을 때 영양돌솥밥이나 파스타를 먹으면 속이 편했다. 그래서 "요 녀석들 입맛이 고급인가 보다" 하며 웃기도 했다.

하지만 어쩔 수 없었다. 모든 임신부들이 겪어야 하는 일이므로 나 역시 잘 견디는 수밖에 없었다.

규칙적인 운동이 가장 좋다는데 직장 때문에 운동은 많이 하지 못했다. 근무 중에 짬이 날 때마다 세종문화공원을 2~3바퀴씩 돌며 기쁜 마음으로 산책을 한 정도였다.

여름휴가는 장거리를 삼가고 가평의 아침고요수목원에 갔다. 산책과 걷기 운동을 하며 마음을 평화롭게 했다. 그러나 입덧이 심해서 이틀 동안은 거의 아무것도 먹지 못했다.

휴가 마지막 날에는 입덧이 너무 심해서 울고 말았다. 계속 입덧이 너무 심해 굶다가 그만 탈진하여 울음이 터진 것이다. 남편의 도움으로 간신히 죽을 조금 먹고 기운을 차렸다. 복숭아 먹은 것이 체해서 밤새 끙끙 앓기도 했다.

공복에 출근하다가 전철 안에서 그만 구토를 하고 만 적도 있었다. 가던 중간에 내렸는데, 식은땀이 뻘뻘 흐르고 온몸이 벌벌 떨렸다.

간신히 출근을 했다. 조퇴를 하고 싶었지만 약한 모습을 보이기 싫어서 참아가며 일했다. '임신 중 입덧은 당연한 것이다'라는 생각으로 마음을 달래니까 마음이 조금 편해졌다.

입덧이 심한 사람들은 아예 먹지 못했다고 하는데 나 역시 그랬다. 입덧을 견디기가 매우 어려웠다. 입덧이 시작한 지 5주(임신 12주 무렵)가 지나자 약간 무뎌졌지만 영양이 부실해질까 봐 걱정이 되기도 했다. 입덧이 심하니 숨쉬기도 불편해서 고생했다.

입덧으로 잘 못 먹어서 태아의 영양이 부실하면 어쩌나 고민하며 초음파를 찍었다. 다행히 태아들은 잘 자라고 있었다. 매우 기뻤다.

걱정할 일을 또 겪기도 했다. 한번은 을지훈련 기간에 차출된 직장 동료 대신 훈련에 참석하게 되었다. 서울대 벙커에서

1박 밤샘을 했다. 그런데 그다음 날 오전, 나는 하혈을 심하게 했다.

순간 하늘이 무너지는 듯하였다. 너무 놀라 병원에 가서 진료를 해보았다. 다행히 쌍태아에게는 아무 이상이 없었다. 의사는 몸이 무리할 경우 일어나는 일시적인 현상일 수 있다고 했고, 그 말에 마음을 놓았다.

나의 임신부 패션

여자는 어떤 경우에든 패션에 신경을 써야 한다. 심지어 화장실에서도 패셔너블해야 한다. 직장 선배가 한 이야기다.

"이모! 고모! 임신하면 더 예쁘게 하고 다녀야 해. 특히 팔자걸음 걷지 말고 꼭 일자걸음 걸어야 해!"

친정 대학생 조카와 결혼한 조카들은 이렇게 이야기해주었다. 그래서 외모에 더욱 신경 쓰고 다녔다.

몸은 무거워도 아침이면 매일같이 머리를 세팅하고 다녔다. 늘 스커트가 편해서 바지보다는 원피스나 스커트를 즐겨 입고 다녔다.

임신한 지 석 달이 지나니까 배가 약간 불룩해져서 임부복을 사서 입었다. 옷이 헐렁해서 폼이 나지 않았지만 내가 편해야 하고 태아들도 안정되어야 하기에 크게 신경 쓰지 않았다.

임부복을 입고 거울을 보았는데 역시 맵시가 없었다.

'연애할 나이도 아닌데 뭘!'

그냥 웃어 넘겼다. 남편도 임부복을 입은 나의 패션에 크게 신경 쓰지 않는 것 같았다. 임신 중에는 내 몸 편한 것이 제일이다. 이것은 진리다.

그런데 임부복이 옛날 같지 않고 예쁘게 나왔다. 예쁜 임부복을 3벌 정도 구입해 번갈아 입고 다녔다. 임부복 가격도 만만치 않아, 백화점보다는 밀리오레 쇼핑센터를 주로 이용하였다. 임신을 하면 체온이 올라가 땀을 자주자주 흘리기에 임부복 속옷, 스타킹 등 번갈아 입을 옷들도 사야 했다.

4개월이 지난 후 기형아 검사 등을 했는데 태아가 건강하게 잘 자라고 있어서 안심했다. 이때부터는 입덧도 점점 줄어들었다. 가을이 되자 입맛도 조금 살아났다. 대략 석 달 동안 입덧 때문에 심하게 고생했다.

병원이 조금 가까웠으면 해서 2005년 9월에 서울 중구의 삼성제일병원으로 진료 병원을 옮겼다.

임신 4개월 차에는 수소양삼초경락(手少陽三焦經絡)이 형성되어 두통이 생겼다. 이 경혈은 열과 에너지가 지나는 통로인데, 임신부의 열과 태아의 열이 합쳐져서 체온이 상승하면 머리가 아파진다. 때 없이 체온이 오르곤 했지만 약을 먹지 않고 견뎠다.

임신 중반기부터 겨드랑이가 새까맣게, 마치 다크서클처럼 변하기 시작하였다. 보기에 좋지 않았지만 '아이들 임신으로 생기는 현상이겠지!' 하는 생각에 기쁘게 받아들였다. 그리고 가슴 바로 아래 배가 불러와 호흡하기 힘들어 숨이 많이 가빴고 땀까지 많이 나기 시작했다.

음악과 그림으로 태교를

임신한 임신부들이 가장 신경 쓰는 것이 바로 태교다. 나 역시 좋은 태교를 하기 위해 많이 노력했다.

병원에서 임신한 사실을 확인한 후 며칠이 지나 나는 동네 아울렛 매장에 가서 신발을 한 켤레 샀다. 발이 편하고 걸으면서 태아에게 충격을 주지 않는 것으로 골랐다.

태교를 하기 위해 인터넷 검색도 많이 하고 전문가의 의견을 듣기도 했다. 우선 마음가짐이 중요하므로 짜증 내지 않기 위해서 노력했다.

사무실에서 일하다가 못마땅한 일이 있으면 나도 모르게 화를 내는 경우가 있었다. 짜증을 내지 않으려고 애쓰다가도 부지불식간에 감정 기복이 심해지기도 했다. 그것이 태아에게 좋지 않다는 것을 알고 있었으므로 될 수 있으면 화를 내지 않으려고 애를 많이 썼다. 노력을 하다 보니 몸에 배면서 차츰 그렇게 되어갔다.

　밝고 긍정적인 마음으로 생활하기 위해 역시 많이 노력했다. 어느덧 나 자신이 태교를 통해 스스로 정화되고 수양되고 있음을 느꼈다.

　남편은 방 천장에 북두칠성과 그 밖에 별자리들로 예쁘게 꾸며놓았다. 잠들 때까지 "맑고 예쁜 생각"을 하라는 뜻이었다. 우리 부부는 그것을 보고 웃었다.

　음식물 섭취에도 주의했다. 태아들의 두뇌를 위해 잣과 호두 등 견과류를 사서 먹었다.

　태교에서 내가 가장 많이 신경을 쓴 부분은 음악 듣기였다. 평소 음악을 좋아했으므로 클래식을 자주 들었다. 하이든의 〈세레나데〉, 엘가의 〈사랑의 인사〉, 마스카니의 오페라 〈카발레니아 루스티카나〉 중 간주곡과 쇼팽, 모차르트의 곡 등을 자주 들었다. 바흐의 〈G선상의 아리아〉, 파헬벨의 〈캐논 변주곡〉 등 성악곡, 기악곡 할 것 없이 많은 음악을 들었다. 내가 태교로 클래식 음악을 듣는다는 것을 알고 직장 상사가 클래식 음악 CD를 선물해주기도 했다.

　활기찬 팝송도 많이 들었다. 학창 시절, 친정 오빠가 직접 연주했던 로보의 〈I'd Love You To Want Me〉와 이른바 '7080 추억의 팝송'도 즐겨 들었다. 흥얼흥얼 따라 부르기도 했다.

지금 우리 아이들이 음악을 좋아하는 것을 보면, 태아 때 들은 음악이 정서를 안정시키고 음악을 듣는 취미를 갖는 데 많이 영향을 미친 것 같다.

두 번째 태교 방법은 그림 감상이었다. 나는 그림 보는 걸 좋아했다. 미국 대사관에서 근무하는 친한 직원분이 전 세계 유명한 화가들의 작품이 담긴 작은 그림책을 직접 사서 선물해 주었다. 나는 수시로 이 그림들을 보며 태교를 하였다.

개인적으로 인상파 화가들이 좋았다. 인상파 화가들의 그림 중에서도 빈센트 반 고흐의 〈해바라기〉와 클로드 모네의 〈아르장퇴유의 다리〉, 〈양귀비〉와 르누아르의 〈테라스 위의 두 자매〉 등을 좋아했다.

태교를 하면서 한 가지 아쉬운 점이 있었다. 직장 생활을 해야 했기 때문에 산책을 하거나 숲에 가는 등 자연친화적인 태교를 많이 못 한 것이다. 만약 많이 걸었다면 입덧도 줄어들었을 거라고 생각한다. 하지만 직장 생활과 자연친화적인 태교, 두 가지를 한꺼번에 다 할 수는 없었다. 대신 주말이면 남편과 많이 걸으려고 애썼다.

아이들 태명을 지어보기도 했다. 아들이라 생각하며 '왕자님', 딸이라 생각하며 '공주님'으로 지어보았다. 곱고 예쁜 마음으로 큰 꿈을 갖고 이 세상을 지혜롭게 살아가라는 뜻이었다.

쌍둥이지만 두 아이의 성별이 어떨지는 몰랐다. 아들 하나,

딸 하나 이렇게 갖고 싶었지만 그것은 하늘의 뜻이었다. 과욕하지 않고 담담히 하늘의 뜻을 따르기로 했다.

쌍둥이의 임신으로 온 집안이 축제처럼 들떠 있었다. 식구들은 덕담을 많이 해주었고, 나는 늘 행복한 마음을 가지려고 노력했다.

나만의 소소한 태교법

임신한 동안 나만의 태교를 실천했다. 우선 아침에 일어나자마자, 그리고 잠자기 전에 부처님께 30초~1분간 몸이 힘이 들어도 기도를 드렸다.

"부처님! 부처님! 부처님이시여! 변치 않는 영원한 불제자가 되겠습니다. 제 몸에 잉태한 쌍둥이들이 건강한 아이들로 태어나게 해주세요."

어머니와 아버지에게도 지혜롭고 건강한 아이들로 태어나게 해달라고 기도했다.

아침과 저녁, 두 번 시간을 내어 복식호흡을 30번씩 하루도 빠지지 않고 했다. 출산할 때 산모에게나 태어날 아이들에게나 건강에 좋다고 하여 꾸준히 했다.

아침에 일어나자마자 공복에 《동의보감》에 나오는 음양탕을 마셨다. 음양탕은 소화력을 좋게 하고 면역력을 높이는 등 우리 몸을 건강하게 만들어준다고 한다. 음양탕은 뜨거운 물과 차가운 물을 섞은 것이다. 머그잔에 뜨거운 물을 먼저 붓고, 찬물을 그다음에 부어 섞는다. 비율은 3 대 2. 따뜻하게 마셔야 효과가 있다고 한다.

나만의 태교로 양쪽 귓불을 잡아당기기도 했다. 귓불을 잡아당기면 유산소운동을 하는 것처럼 건강에 큰 도움이 된다고 하여 임신 초기에 매일같이 열심히 했다.

직장 다니면서도 출퇴근 때나 시간이 날 때마다 배를 쓰다듬으며 뱃속에 있는 아이들에게 이야기를 많이 해주었다.

"사랑하는 아가들아! 오늘 하루도 엄마와 함께 건강하고 행복하게 시작하자구나."

"뭐 먹고 싶은 건 없니?"라고 물으며 아이들과 대화하기도 했다.

일하다가 오후가 되면 잠시 산책을 하기도 했다. 세종문화공원에 떨어진 낙엽을 보며 태아들에게 이야기해주기도 했다.

"사랑하는 나의 보물들아! 이 낙엽 좀 보렴. 너무 예쁘고 아름답구나! 너희도 보고 있지? 예쁘지!"

한강 선유도공원에 가서 음악 축제를 본 적도 있다. 털북숭이 가수 김도향이 나와서 노래를 불렀는데, 반가웠다. 그가 쓴

《마음으로 만나는 태교》라는 책을 읽고 있었기 때문이다. 김도향은 오래전부터 명상 음악을 해온 분이기도 하다.

6장

…

나의 임신 후반기

하루가 다르게
몸이 변하다

우리 아가들이 엄마 몸속에서 지낸 지 벌써 5개월이 넘었구나.

우리 보석들아 너희 덕분에 엄마 아빠는 너무 행복하다. 하루 하루 매 시간마다 엄마는 생명의 신비로움을 느낀다.

화창한 가을 날씨가 좋구나. 오늘 같은 날이면 왠지 가을 숲을 산책하고 싶다. 오늘 하루도 건강하게 보내자.

엄마는 요즈음 가을 숲에 못 가는 대신에 일하다가 짬이 나면 사무실 근처 세종문화공원 오솔길을 다섯 바퀴쯤 돈다. 오솔길을 왔다 갔다 하면서 햇빛 속에 비치는 가을 단풍을 바라보지. 단풍으로 가을을 한창 느끼고 있단다.

예쁜 단풍을 주워 코팅했어. 너희 육아일기에도 붙여놓았단다.

2005년 9월 말의 육아일기에는 이렇게 적혀 있다. 쌍둥이를 임신해서 몸은 힘들지만 건강하고 즐겁게 지내려 애쓰던 때였다.

임신 후반기에 들어서면서 입덧은 점점 잦아들었다. 그러나 다른 어려움이 시작되고 있었다.

일반적으로 임신 후반기에는 배가 점점 더 많이 불러오기 시작하고 체중이 급격히 늘어난다. 그래서 허리와 골반, 관절에 통증을 느끼게 된다. 잠을 자주 깨고 똑바로 누워서 자는 것이 불편하다. 여전히 속은 좋지 않고 변비 증상을 겪는 경우도 있다.

나 역시 마찬가지였다. 6개월부터는 배가 하루하루 달랐다. 몸이 무거워졌다. 병원에 가서 몸무게를 재어봤더니 4.5킬로그램이 늘었다. 몸무게가 늘자 다리도 저리고 배도 당겼다. 왼쪽 태아가 더 잘 먹는 모양인지, 뱃속 왼쪽에서 태아가 발로 툭툭 찼다.

체중이 늘어나면서 왼쪽 고관절이 심하게 눌려 통증을 느꼈고 장애인처럼 쩔룩쩔룩 걸었다. 두 달 반 이상 쩔룩거리며 출퇴근을 했다. 몸이 너무너무 힘들었지만, 쌍둥이들을 위해 웃으려고 애썼고 되도록 기쁜 마음을 가지려고 최선을 다했다.

몸이 그러니 예쁘게 걷지 못하고 마치 펭귄처럼 뒤뚱뒤뚱 팔자걸음을 걸어야만 했다. 전철을 타면 임신부석에 앉았다. 일반 좌석 앞에 서면 젊은이가 자리를 비켜주기도 했다.

남들이 보기에 우스꽝스러웠을 것이다. 하지만 임신을 하면 그럴 수밖에 없는 것이고, 두 아이를 잘 낳아야겠다는 생각 하나로 우스꽝스러움도, 통증도 참으며 직장에 다녔다.

기형아 검사

　임신 6개월째인 2005년 10월 초순, 기형아 검사를 받았다. 모든 임신부들은 기형아에 대해 두려움을 가지고 있는 게 사실이다. 장애아가 태어나면 본인은 물론 부모와 온 가족이 힘들기 때문이다. 그래서 임신부들은 자연 기형아 검사에 마음을 졸이게 된다.

　기형아 검사는 대개 임신 15~22주 사이에 받는다. 예전에는 아이를 출산하고 나서야 기형아인지 아닌지 알 수 있었지만, 요즘은 진단의학이 발달하고 첨단 의료기기가 개발되면서 출산 전 기형아 검사가 가능하게 되었다.

　기형아의 원인은 유전 질환이나 염색체 이상에 의한 것이 많다. 또한 임신 중 질병이나 감염 등에 의해 기형이 발생하기도 한다. 그러나 기형아의 원인을 알 수 없는 경우도 매우 많다. 기형아 검사가 100퍼센트 완벽한 것은 아니다. 그러나 진단의학의 발달로 어느 정도 판별이 가능하기 때문에 요즘은 임신부에게 일반화되었다.

임신 중 꼭 받아야 하는 기형아 검사로는 초음파검사, 풍진검사, 혈청검사, 모체 혈청 트리플 검사, 당뇨 선별 검사 등이 있다.

초음파검사는 초음파를 이용해 복부로 검사하는 것인데, 다운증후군과 심장 기형, 탈장 등을 발견할 수 있다. 풍진검사는 임신 전이나 임신 4~7주에 하는 검사로 태아의 백내장, 선천성 심장병, 중추신경계 이상 등을 진단할 수 있다. 임신 중 풍진에 감염되면 선천성 심장병, 언청이, 육손 등의 기형이 나타날 수 있다고 한다.

혈청검사는 임신 9~13주에 실시하는 검사로, 다운증후군을 발견할 수 있다. 다운증후군은 가장 흔한 유전 질환으로, 21번 염색체가 정상인보다 1개 많은 3개가 존재하여 지적 장애, 신체 기형, 전신 기능 이상, 성장 장애 등을 일으킨다.

모체 혈청 트리플 검사는 모체 혈액을 이용하여 태아 기형 위험도를 산출하는 검사이다. 임신 15~18주에 다운증후군, 에드워드 증후군, 신경과 결손 기형 등을 검사한다.

당뇨 선별 검사는 임신 24~28주에 실시하며, 폐가 다 자라지 않거나 뇌 이상 기형, 저혈당증 등을 발견할 수 있다.

태아가 기형일 가능성이 있으면 임신부는 낳아야 할지 낳지 말아야 할지 고민에 빠지게 된다. 그래서 전문가의 의견을 듣는 것이 매우 중요하다. 생명은 너무나 소중하지 않은가! 예외적인 경우를 제외하고 우리나라에서는 낙태를 금지하고 있는 것도 고민의 이유가 된다. 생명을 갖고 낳는 일은 여러모로 어려운 일임에 틀림없다.

'우리 아이가 만약 기형아라면 어떡하지?'

불안감을 느낀 것은 나도 마찬가지였다.

'별일 없겠지. 지금까지 특별한 이상은 없었으니까….'

이렇게 생각은 했지만 검사를 하고 결과가 나오기까지 불안한 마음은 떨칠 수 없었다.

나는 직장 생활을 했기 때문에 병원에 자주 갈 수 없어서 검사 결과가 나오는 날 병원으로 전화를 했다. 전화를 하는 내내 다소 긴장이 되었다.

"음성이에요. 아무 이상 없습니다. 건강하게 잘 자라고 있어요."

담당자는 밝은 목소리로 검사 결과를 말해주었고, 나는 그 소리에 아연 긴장이 풀리면서 안도의 숨을 쉬었다.

수면 부족으로 입원하다

    나는 쌍둥이를 임신하고 있었기 때문에 매우 힘들었다. 태아 둘이서 나에게 매 시간 영양분과 사랑을 달라고 말없이 조르고 있었기 때문에 몸이 버거웠다.
    임신 7개월째인 11월이 되자 아이의 몸무게가 400그램 정도로 커졌다. 내 몸무게는 9킬로그램 정도 늘었다.
    초음파 사진을 찍었다. 태아의 얼굴 윤곽과 손가락 등이 희미하게 보이기 시작했는데, 너무나 신비로웠다.
    당 검사도 했는데 이상이 없었다. 의사의 도움으로 태아의 심장박동 소리를 들었다. 우렁차게 들려서 참 신기했다.
    임신 후반기에 겪었던 가장 큰 어려움은 수면 부족이었다. 수면을 충분히 취해야 하는데 잠을 제대로 자지 못했던 것이다. 나는 낮에는 직장에서 일을 해야 했기 때문에 낮잠도 잘 수 없었다. 밤에라도 잠을 잘 자야 하는데 그러지도 못했다.

몸 양쪽 양수에 태아가 있기에 가지런히 누울 수 없었다. 배가 불러서 오른쪽으로 잠시, 왼쪽으로 잠시 뒤척이다 보면 새벽이 되곤 했다. 잠을 설치는 일이 다반사였다. 다만 너무나 고맙게도 양쪽 태아들이 동시에 놀지 않고 번갈아가면서 놀아줘서 그나마 덜 힘들었다.

아울러 밤중에 자꾸 깨어서 수면 부족에 시달렸다. 거의 매일 새벽 2시와 5시에 소변 때문에 화장실을 드나들었다. 한밤중에 화장실에 가는 일은 몹시 힘들었다. 나중에는 쌍태아가 커져서 방광이 눌려 거동이 점점 불편해지자 남편이 바퀴 달린 의자에 앉혀 화장실에 데리고 다니기도 했다. 소변을 보고 난 후에는 잠이 안 와 뒤척거리다가 출근을 한 적이 많았다.

너무 피곤해서 황달까지 생겨 간 수치가 높아졌다. 황달에 코피가 나기도 했다.

12월 중순이 되자 간 수치가 더욱 높아졌다. 걱정이 되었다. 피로가 쌓여 간 수치가 정상 수치에서 5~6배를 뛰어넘었다. 수면 부족이 가장 큰 원인이었다. 밤에 자주 깨고 화장실에 드나들다 보니 하루 3시간 정도밖에 잠을 못 잤기 때문이다. 잠이 부족하니 당연히 피로가 풀리지 않았다. 결국 2주 동안 병가를 내서 병원에 입원을 하고 말았다.

"아이구. 이렇게까지 무리를 하면 어떡해요? 큰일 날 뻔했

네요! 화장실 가는 것 외에는 꼼짝하지 말고 누워서 절대 안정을 취해야 해요."

담당 의사의 이야기를 듣는데 눈물이 핑 돌았다.

'아! 아이 낳는 일이 이렇게 힘들구나. 옛날 사람들은 어떻게 다 견뎌냈을까?'

이런 생각이 들었다.

의사의 지시에 따라 꼼짝없이 누워서 일주일을 보냈다. 여러 처치를 받으니 간 수치가 많이 떨어졌다.

"다행히 아이들은 아무 이상이 없네요. 심장박동도 정상입니다. 걱정하지 않아도 되겠어요."

담당 의사가 말해주었다.

계속 입원을 할 수 없어서 일주일 만에 퇴원했다. 퇴원하기 바로 전 같은 병동에 입원한 천주교 신자 한 분이 있었는데, 내 모습이 가여웠던지 성 바오로 2세 그림엽서를 선물로 주었다. "건강하게 잘 순산해요! 쌍둥이 어머니 화이팅!"이라고 마음이 가득 담긴 문구가 적혀 있었다. 나는 감사한 마음과 함께 행복한 사람임을 다시 한 번 느꼈다.

뒤뚱한 걸음으로 집에 왔다. 집이 좋았다.

2005년 12월이 그렇게 지나갔다. 연말이 지나고 새해가 다가왔다. 몸무게 1.5킬로그램 정도로 태아는 더 커졌다. 아이를 낳을 시간이 점점 다가오고 있었다.

7장

출산의 기쁨, 출산의 아픔

남편과
출산 준비를 하다

　나는 곧 태어날 쌍둥이를 위해 남편과 함께 무거운 몸을 이끌고 임신, 출산, 육아 용품과 관련한 박람회를 다녀왔다.
　태어날 아기가 쌍둥이여서 출산 준비는 특별했다. 필요한 출산 준비물과 육아 용품 리스트를 하나씩 꼼꼼히 메모하여 준비했다. 친척들과 친한 지인들이 선물을 해주기도 했다.
　수유 기구로는 젖병, 노리개 젖꼭지, 수유 쿠션, 보온병 등을 준비했다. 산모 양말, 수유 브래지어, 임신부 손목 보호대 등 산모 용품은 친구들이 선물해주었다. 아기 외출 용품인 아기 띠, 유모차, 기저귀 가방 등은 지인들이 금일봉을 준 것으로 남편과 함께 마음에 드는 것으로 구매하였다.
　아기 위생 용품(젖병 소독기, 아기 콧물 흡입기 등)과 육아 기구(보행기, 아기 좌변기 등)는 시댁 식구들과 친정 언니가 선물해주었다. 쌍둥이라 아기 침대를 구매할까 하다가 아기들 곁에서 편하게 돌봐주고 함께 지내고 싶어서 특별히 아기 침대 대신 포근한 이불을 더 구입했다. 우주복과 속싸개와 겉싸개, 아기 이불은 사회생활하면서 알게 된 두 언니에게 선물받았다. 더 필요한 육아 용품들은 친정 조카들이 선물해주었다.

남편도 아이들을 기다리는 기쁨에 집 안 꾸미는 데 특별히 신경을 썼다. 직접 도배를 하고, 아이들을 위한 캠코더와 수동 카메라 등을 임신 초기부터 매달 조금씩 저축해놓은 돈으로 마련했다. 나는 쌍둥이들을 위해 보험에 가입했다.

직장 상사들도 금일봉을 비롯해 여러 가지 선물을 해주셨다. 감사한 마음으로 받았다. 모두 고마운 분들이다.

출산 준비를 하면서 2006년 1월 20일 일기에 나는 이렇게 썼다.

> 이제 34주가 되는구나. 엄마는 임신 9개월 중반에 접어들었단다. 너희를 보는 시간이 가까워졌기 때문에 가슴이 띈다. 당연히 아빠도 마찬가지란다.
>
> 퇴근 후에 엄마는 롯데백화점에 들러 출산 용품을 샀단다. 욕조, 속싸개, 턱받이, 짱구 배개, 거즈 수건 등 20만 원어치를 구매했지. 너희는 쌍둥이니까 모두 2개씩 샀어.
>
> 출산 용품을 사면서 그 물건들이 너무 예쁘고 귀여워 엄마 아

빠는 많이 웃고 행복했단다. 외숙모께서도 너희에게 선물을 해 주었단다.

    귀여운 아가들아! 빨리 보고 싶다!

아가들이 태어날 시간이 다가오고 있었다. 나는 약간은 들뜨고 두렵기도 하고 행복한 마음으로 하루하루를 보냈다.

아이는
우주만큼 소중하다

아이는 기쁨이자 축복이다.

나는 직장맘으로서 쉴 새 없이 바빴고 몸도 마음도 무거웠지만, 시간이 날 때마다 배를 살포시 쓰다듬으며 엄마 아빠의 음성과 마음을 전해주었다. 내 몸에서 함께 호흡하는 두 생명을 위해 늘 긍정적인 마음으로 웃으며 지냈다. 엄마 몸속 캄캄한 양수에 건강하게 있다가 태어나서 곧 세상의 밝은 빛을 보게 될 쌍둥이들에게 감사할 뿐이다.

나는 조금 늦은 나이에 쌍둥이를 얻게 되었다. 그것도 이란성 쌍둥이로, 아들과 딸을 한꺼번에 얻는 기쁨을 누렸다. 지금 내 아이들은 건강하게 잘 자라서 초등학교에 다니고 있는데, 그동안 기록해놓은 육아일기를 토대로 책을 쓰면서 아이의 출생과 생명의 소중함을 다시 한 번 생각해보게 된다.

부모는 출산과 육아를 통해서 완성된다. 그래야 부모는 부모를 알게 된다. 세대를 이어서 사회와 국가를 유지하고 가족을 유지하는 일은 세상에서 가장 소중한 일일 것이다.

솔직히 돈도 명예도 좋지만 아이를 키우는 일만큼 즐겁고 행복한 일이 또 있을까? 물론 육아가 쉽지는 않다. 하지만 아이가 잘났건 조금 부족하건 아이들이 성장하는 모습을 보면 대견하고 행복감을 느낀다.

아이를 키우다 보면 부모는 돈도 명예도 모두 누릴 수 없지만, 아이는 잘 자라서 또다시 세대와 세대를 이어가고 더 좋은 세상을 만들어갈 것이다. 그래서 아이가 가장 큰 희망이다.

아이는 우주만큼 소중하다. 나를 포함해서 아이를 기르는 모든 부모들, 특히 어머니들에게 찬사를 보내고 싶다.

쌍둥이가 태어나던 날

출산일이 다가오고 있었다. 나이에 비해 늦은 출산이었기에 일찍 출산휴가에 들어가려 했다. 하지만 병원에서 허락해주지 않아 배불뚝이 몸으로 끝까지 쩔둑쩔둑거리면서 일을 했다. 그래서 더 몸 관리에 최선을 다했다.

쌍둥이는 7개월이면 출산할 수 있다. 하지만 나는 임신 37주하고도 3일 만에 삼성제일병원에 입원하여 2006년 2월 23일 오후 즈음에 제왕절개로 아이들을 낳았다.

아이들은 황달 없이 아주 건강하게 태어났다. 아들이 딸보다 1분 먼저 나왔다. 뱃속 오른쪽 아들은 2.665킬로그램, 뱃속 왼쪽 딸은 2.889킬로그램이었다.

먼저 태어난 아들은 잘 깎아놓은 밤톨처럼 보였고, 머리숱은 적은 편이었다. 딸은 잘 빚은 송편처럼 보였는데, 태어날 때부터 예쁘게 보이려고 그랬는지 머리숱이 제법 자라 있었다.

드디어 내 아이들이 태어났다. 생명의 탄생. 그것은 기적이었다. 쌍둥이를 낳은 후 처음으로 육아일기에 이렇게 적었다.

윤재야! 윤서야!
엄마가 처음으로 너희들 이름을 부르며 적어본다.
이제 너희는 엄마 아빠의 확실한 보물이 되었구나. 이 기쁨을 너희가 알까? 엄마는 너무너무 행복하단다. 잠자는 너희 얼굴만 봐도 이 엄마는 배가 부르고 너무나 행복하다. 온 세상을 다 얻은 기분이야.

출산 후 통증으로 고생하다

　육아일기에 적은 것처럼 아이들은 너무나 예쁘고 사랑스러웠다.

　나는 아이들을 건강하게 키우기 위해서 열심히 모유를 먹였다. 한 방울이라도 더 먹이려고 40분간 양쪽을 돌려가며 열심히 모유를 짰다. 하지만 몸은 말이 아니었다. 쌍둥이를 임신했었기 때문에 체중이 많이 나가 온몸의 뼈마디가 다 아팠다.

　제왕절개 수술을 하고 깨어난 후 침대에서 일어나 앉는 것도 너무 고통스러웠다. 처음 화장실에 갈 때는 손을 침대에 딛고 일어서야 하는데 수술한 부분이 너무 심하게 당겨 일어설 수 없었다. 다시 주저앉아 20분 정도 있다가 용기를 내어 손을 딛고 일어났다. 남편이 부축해주어 간신히 화장실에 다녀올 수 있었다.

온몸에 맥이 풀리고 삭신이 구석구석 쑤셔 활동을 전혀 할 수 없었다. 어쩔 수 없이 누워서 회복을 기다렸다.

특히 아팠던 부분은 왼쪽 다리였다. 그동안 과체중이었기 때문에 고관절에 무리가 가서 통증이 심했다.

고관절은 엉덩이뼈와 허벅지뼈를 잇는 관절이며, 몸을 지탱하는 역할을 한다. 특히 배꼽 아래 5센티미터 부분에서 고관절을 거쳐 허벅지에 이르는 부위를 파워 존이라고 하는데, 이 부분을 중심으로 힘이 많이 가해지기 때문이다. 그래서 고관절이 손상되면 활동하기가 매우 불편해진다. 나만 그런 게 아니라 많은 산모들이 고관절 통증을 경험한다고 한다.

내 경우에는 거동이 매우 불편할 정도로 고관절 통증이 심했다. 아이들에게 초유를 먹이거나 아이들을 보러 신생아실에 갈 때도 휠체어를 탈 정도였다.

고관절 통증은 출산 후 곧 나아질 줄 알았으나 상당 기간 지속되어 고생했다. 지금도 별반 좋지는 않다.

출산 후 손목을 많이 짚고 다녀서인지 손목이 시큰거렸다. 10여 년이 지난 지금도 일을 많이 하면 손목에서 통증을 느낀다. 그래서 손목을 많이 쓰는 일은 자제하고 있다. 수제비, 칼국수 반죽 하는 일 같은 손을 많이 쓰는 일도 잘 하지 않는다.

출산 후 병원에는 5일 정도 있었다. 몸이 회복되기를 기다리며 계속 먹고 잤다.

남편은 5일간 특별 휴가를 내어 침대 옆 딱딱한 의자에서 잠을 자며 내 곁을 떠나지 않았다. 내 얼굴, 손, 발 등을 따뜻한 물에 적신 가제 수건으로 닦아주며 최선을 다했다. 그리고 남편은 시간 날 때마다 카메라를 들고 다니며 신생아실에 있는 쌍둥이들 사진 찍기에 바빴다.

산후조리원에
들어가다

　산모들은 병원에서 퇴원이 결정되면 대개 집으로 가거나 산후조리원에 들어간다. 나는 시부모님의 도움을 받을 수 있어서 집으로 갈까 하는 생각도 했다. 하지만 시부모님 고생시키는 게 싫고 쌍둥이라 둘을 돌봐야 해서 엄두가 나지 않아 산후조리원에 들어가기로 결정했다.

　산후조리원은 산모가 출산 후 몸을 회복할 수 있도록 돕는 전문적인 시스템을 갖춘 시설이다. 예전에는 산후조리를 대부분 자기 집에서 했지만 핵가족으로 가족 구조가 달라지면서 1997년 무렵부터 산후조리원이 생기기 시작했고, 법적 기준은 2000년에야 만들어지기 시작했다.

　우리나라 모자보건법에서 산후조리원은 산후 조리 및 요양 등에 필요한 인력과 시설을 갖춰야 하며 산모나 영유아에게 급식, 요양과 일상생활에 필요한 편의를 제공하도록 하고 있다.

산후조리원의 평균 비용은 서울 기준 약 250만 원이다. 쌍둥이일 경우 80만 원 정도 더 내야 한다. 비용이 부담스럽기는 하지만 산모와 영아에게 괜찮은 시스템이다. 특히 핵가족 시대에 산모를 돌볼 사람이 없으면 꼭 이용하게 된다.

산후조리원을 고를 때는 가족이 직접 방문해서 꼼꼼히 확인한 후에 결정해야 한다. 가격이나 시설에서 차이가 크고 종종 의료사고가 일어나기 때문이다.

가장 먼저 살펴볼 점은 위생 상태다. 신생아는 저항력이 약해서 각종 질병에 노출되기 쉽기 때문에 위생 관리를 철저하게 하는 곳을 골라야 한다.

또 전문 간호사가 신생아를 24시간 돌보는 곳이 좋다. 전문 영양사가 있는지도 확인해야 한다. 산모에게는 보양식이 제공되는데, 음식의 질이 믿을 수 있는지 확인해야 한다.

시설이 조용하고 쾌적한 곳에 있는 것도 중요하다. 이런 사항들을 꼼꼼하게 살펴보고 계약서를 작성한다.

나는 병원에서 퇴원한 후, 집에서 가까운 서울 목동의 산후조리원에 들어갔다. 산후조리원은 남편이 직접 가서 살펴보고 나와 상의한 후 결정했다. 내가 입실한 산후조리원은 목동 파리공원 근처에 있어 조용하고 공기가 좋았다.

나의 산후조리원 생활

산후조리원 원장은 자상하고 좋은 분이었다. 마치 큰언니처럼 잘해주었다. 간호사들도 친절했다.

산후조리원에 처음 들어갔을 때 왼쪽 다리를 절뚝절뚝 절었기 때문에 아이들은 시어머님과 남편이 안고 갔다. 내 몸 상태는 조리원에 있는 사람들이 안타까워할 정도였다.

산후조리원 생활은 몸을 회복하는 게 목적이었기 때문에 단조로웠다. 단조로운 일상생활을 하면서 나는 운동에 주력했다. 다리 통증이 나으려면 운동을 해야 한다고 진단받았기 때문에 이를 악물고 오전 오후로 열심히 운동했다. 스트레칭 운동도 열심히 했다.

힘들어 그만두고 싶었지만 계속 견뎠다. 운동을 하니까 다리 통증이 조금씩 나아졌기 때문이다.

아이들이 태어난 지 17일째가 되었다. 윤재는 3.05킬로그램, 윤서는 3.35킬로그램으로 몸무게가 늘었다. 동생 윤서가 오빠보다 300그램 더 크게 태어나서 그런지 몸무게가 계속 더 나갔다. 둘 다 건강하게 태어나 인큐베이터에 들어가지 않아서 참으로 다행이라는 생각이 들었다.

식사 시간이 되면 나는 다른 산모들보다 더 힘이 들었다. 쩔뚝쩔뚝 걸어 식탁으로 가야 했다. 다른 산모들이 나를 보면서 많이 안타까워했다.

아이들은 신생아실에서 따로 잠을 재웠다. 내 옆에서 재우고 싶었지만 따로 재우라고 해서 그 말에 따랐다.

산후조리원에서는 대개 산모가 회복하는 동안에는 아이들을 신생아실에서 돌본다. 엄마가 있는 방은 사람들이 드나들어 감염될 위험이 있기 때문이다. 신생아실은 자주 소독을 하고 공기청정기 등을 설치해 감염이 안 되도록 청결하게 유지한다.

아이와 친밀감을 나눠야 할 때는 모자동실에서 함께 지냈다. 오후 3시부터 5시까지는 신생아실을 청소하는 시간이었기 때문에 이 시간에 아이들과 함께 있었다. 귀엽고 앙증맞은 아이들을 사진에 담기도 했다.

산모가 수면이 필요한 시간에는 자격증이 있는 전문가가 아이들을 돌보고, 모유 수유를 하거나 아이들과 시간을 보내고 싶을 때는 방에서 함께 보내는 것이 좋다. 산모가 빠르게 회복하는 것이 중요하기 때문이다.

산후조리원 입실 초기 3일 정도는 감기 몸살 증상이 있어서 처음으로 감기약을 먹었다.

할머니, 할아버지, 외삼촌, 외숙모, 이모, 이모부, 삼촌, 고모, 오빠, 형, 언니, 동생 등 대가족이 모두 산후조리원으로 와서 축하해주었다.

출산 후 17일 동안은 육아일기를 쓰지 못했다. 그러다가 2006년 3월 초순부터 다시 쓰기 시작했는데, 육아일기가 두 번째 권 중간까지 넘어갔다.

아이들을 위해 보험을 2개 들었다. 남편은 아이들을 위한 통장도 따로 만들었다.

8장

...

쌍둥이를 키우며

쌍둥이 이름 짓기

'아이를 낳으면 어떤 이름을 지을까? 딸이면 어떤 이름이 좋을까? 아들은 어떤 이름이 좋을까?'

결혼한 사람이라면 누구나 이런 생각을 하게 된다.

예전에는 집안에서 자손이 태어나면 '항렬자(行列字)'를 이름에 넣는 것이 관례였다. 항렬이란 이름의 돌림자를 뜻하는 것으로, 특정 한문 부수를 집어넣어 작명하는 것을 말한다. 항렬은 대개 오행(五行)에 따라 목화토금수(木火土金水)가 들어 있는 한자를 돌려가며 짓는데, 순서를 어떻게 정할지는 집안에 따라 다르다.

항렬을 쉽게 설명하면 할아버지가 "木"을 부수로 하는 한자(柱, 東)를 항렬로 썼다면, 아버지는 다음 순서인 "火"를 부수로 하는 한자(煥, 炳)를 쓰고, 아들은 "土"를 부수로 하는 한자(在,

基)를 쓰는 것이다.

　이름 짓기에 항렬을 따랐던 것은 특정인이 어느 성씨의 몇 세손(世孫)인지, 혈족 관계의 위계가 어떻게 되는지를 쉽게 알 수 있도록 하기 위한 것이었다. 우리나라 사람들은 전통적으로 혈통을 중요하게 생각했기 때문에 항렬에서 일부러 벗어나려고 애쓰지 않았다.

　남자의 이름은 대부분 항렬자를 따랐지만 여자 이름에는 잘 넣지 않았다. 왜냐하면 여자는 출가하면 남의 집안으로 가버리므로 굳이 위계와 촌수를 따질 일이 적었기 때문이다.

　항렬은 예전에는 특정 성씨의 세손을 쉽게 파악하고 촌수를 따질 때 편리했지만 오늘날에는 점차 사용하는 게 줄어드는 추세다. 도시화되고 핵가족 사회라서 굳이 이를 따라야 할 필요가 없기 때문이다.

　우리나라 사람들은 운명적으로 타고나는 사주팔자(四柱八字), 관상(觀相), 그 사람에게 부여하는 이름이 운세를 결정하는 데 중요한 역할을 한다고 믿어왔다. 그래서 '좋은 이름'을 짓기 위해 애썼다.

　만약 추진하는 일이 계속 잘 안 되고 꼬이면 이름이 안 좋아서 그렇다며 개명을 하는 일도 많았다. 그런 이유로 아직도 동네에 작명원이 존재한다.

　사람의 이름은 그 사람에 대한 이미지를 만든다. 그래서 좋은 이름을 짓는 것은 매우 중요하고 소홀히 할 수 없는 일임에 분명하다.

어떤 이름을 좋은 이름이라고 할까? 전문가들에 따르면 좋은 뜻이 담겨 있으며, 부르기 쉽고 듣기 좋아야 하고, 조성기(趙成基)나 방귀남(方貴男)같이 발음해서 다른 뜻으로 이상하게 해석될 우려가 없고, 개성 있는 이름이 좋은 이름이라고 한다. 더불어 좋은 기운까지 품고 있으면 더욱 좋겠다.

나 역시 평소에 사람의 이름은 사주, 관상과 함께 매우 중요한 역할을 한다고 생각하고 있었다. 사람의 이름은 그 사람의 성격을 만드는 것 같았다. 그것이 얼마나 맞고 틀리는지는 크게 중요하지 않았지만, 이왕이면 좋은 이름을 짓고 싶었다.

임신 전에 나는 결손 아동이나 유엔난민기금(유니세프)에 조금씩 후원하기 시작했다. 그러면서 나 자신과 약속한 게 있었다. 내가 엄마가 된다면 아이들에게 엄마가 희망하는 마음을 가득 담아 의미가 있는 이름을 지어주어야겠다'는 것이었다.

그런데 하나도 아니고 둘인 쌍둥이를 임신했음을 알고 나서 약간의 고민이 생겼다. 둘이었기 때문에 서로 조화로워야 한다고 생각했던 것이다. 아울러 아들과 딸일 경우에는 남자 이름과 여자 이름의 특성도 고려해야 했다. 그래서 남편과 가끔 상의를 했는데, 결정을 할 수는 없었다. 성별이 어떻게 될지 몰랐기 때문이다.

출산 후, 아이들이 이란성 쌍둥이 아들과 딸로 태어나자 본격적으로 이름 짓기를 시작했다. 처음에는 작명소에 갈까 했으나 그런 곳을 별로 좋아하지 않았으므로 남편과 함께 직접 짓기로 했다. 남편의 성이 이씨였으므로 성과 조화되어 부르기 쉽고, 듣기 좋으며, 예쁘고 멋진 한글 이름을 짓고 싶었다. 또 한자의 뜻도 좋은 이름을 짓고 싶었다. 오행도 고려했다.

처음 생각한 이름은 아들은 이윤서, 딸은 이서윤이었다. 그런데 남자아이 이름으로 '윤서'는 좀 이상할 것 같았다. 그래서 딸 이름을 이윤서로 지었다. 부르기 쉽고 예쁜 이름 같았다.

그러던 중 시부모님이 남자는 돌림자인 '재(宰)'를 따라야 한다고 말씀하셔서 그에 따르기로 했다. 이왕이면 '윤' 자로 통일하되 항렬을 따르자 하여, '이윤재'로 지었다. 복잡하고 어려운 한자를 피하여 좋은 의미와 깊은 뜻이 있는 윤재, 윤서로 아들과 딸의 이름을 결정했다.

    아들 **이윤재**(允宰 / 진실할 윤, 재상 재)
    진실한 마음과 어려운 사람들을 포용할 수 있는 리더십을 갖
    춘 훌륭한 인물이 되어라.

    딸 **이윤서**(允惰/ 진실할 윤, 지혜로울 서)
    진실한 마음과 지혜로움을 함께 길러 큰 꿈을 펼쳐라.

이렇게 정하고 보니 부르기도 쉽고, 주위의 반응도 좋았다. 특히 당사자인 아이들이 자신의 이름에 대해 매우 만족해하므로 좋은 이름이라고 생각하고 있다. 무엇보다 스스로 만족하고 부르는 사람들도 좋게 생각하는 이름이 좋은 이름인 것 같다.

한 달 만에 집으로

산후조리원에서 퇴실할 시간이 다가왔다. 산후조리원 직원들과 헤어지게 되어 섭섭했지만 집에 간다는 사실이 좋았다. 이제 본격적으로 아이들과 함께 살 집으로 가는 것이다.

서울 목동의 산후조리원에는 3월 1일에 입실하여 3월 20일까지 3주일 동안 있었다. 그동안 쌍둥이들은 많이 자랐다. 체중이 늘고 머리카락도 꽤 자랐다. 얼굴 윤곽도 서서히 뚜렷해지고 포동포동해지면서 귀여움을 더해갔다.

3월 21일, 출산을 위해 집을 떠난 지 한 달 만에 집으로 돌아왔다.

드디어 집으로 돌아와 첫 밤을 지냈다. 익숙하고 아늑한 집으로 돌아와서 좋았는데 잠자리가 바뀌어서 그랬는지 2시간마다 잠을 깼다.

이제는 집에서 쌍둥이들을 키워야 하기 때문에 모든 일을 내가 해야 했다. 하지만 몸이 완전히 회복되지 않아서 시어머님이 오셨다.

시어머님이 도와주려고 오셨지만, 나는 쌍둥이 돌보는 일을 직접 하려고 애썼다. 아이들 방의 온도와 습도를 맞추고, 잠자리와 수유 등을 철저히 관리했다.

영아들이 있는 방의 온도는 25도로 맞췄다. 너무 추워도 너무 더워도 안 되며, 온도 변화가 없이 일정한 것이 좋기 때문이다. 습도는 45~55퍼센트 정도로 유지했다.

온도보다는 습도가 더 중요하다. 습도 관리가 안 되면 코 점막과 목이 비정상적인 상태가 되어 감기에 걸리기 때문이다.

도시 주택의 벽은 대부분 시멘트로 만들어서 건조하기 때문에 습도 관리를 위해 가습기를 틀어놓았다. 가습기는 가급적 초음파식보다는 물을 끓이는 가열식 가습기가 좋다. 가습기 청소는 당연히 열심히 했다. 단, 가습기에 첨가물은 절대 넣지 말아야 한다. 방 안 공기를 깨끗하게 유지한다고 환기를 자주 했고, 바이러스 감염에도 주의했다.

쌍둥이가 한 달이 지나자 3시간 간격으로 하루 여덟 번 정도 수유했다. 모유가 많다면 당연히 모유를 먹여야 한다고 생각한다. 모유는 엄마의 사랑이 담긴 최고의 영양식이기 때문이다. 출산 6개월이 지나면 모유에 영양분이 거의 없다는 이야기가 있지만 그렇지는 않다고 하며, 전문가에 따르면 모유는 두 돌까지도 먹일 수 있다고 한다.

모유를 줄 때도 될 수 있으면 젖을 물려서 직접 먹였다. 모유를 짜서 먹이면 모유의 양이 잘 늘지 않을 뿐 아니라 나중에 아이가 엄마 젖을 빨려고 하지 않아서이다.

모유만으로는 영양이 부족하니 분유를 함께 먹여야 한다. 나는 쌍둥이를 먹여야 해서 모유의 양이 부족했다. 그래서 분유와 혼합 수유를 했다.

쌍둥이가 배고파하면 젖이나 분유를 먹였는데, 고개를 돌려서 먹지 않으려 하면 그냥 놔뒀다. 배가 고프지도 않은데 억지로 젖을 먹이면 토하고 과체중이 될 수도 있기 때문이었다.

모유나 분유를 다 먹인 다음에는 트림을 시켰고, 트림이 나오면 세워서 5분 동안 등을 토닥여주었다. 그리고 소화가 잘되도록 쌍둥이를 오른쪽으로 눕혔다. 분유는 이유식을 거쳐 완전히 밥을 먹기 시작할 때까지 먹였다.

쌍둥이의 변도 신경을 써서 보았다. 아이의 변은 황금색이 좋다고 한다. 신생아는 한 달 동안 배내똥을 누고, 소변은 예닐곱 번 수시로 싼다. 아직 거친 음식을 먹지 못하므로 변은 대체적으로 묽다. 설사가 아니라면 변이 묽은 것은 큰 문제가 아니다.

아이가 대소변을 잘 누고 먹는 패턴이 일정하면 건강하다는 증거다.

신생아는 하루 18시간씩 잔다고 한다. 쌍둥이도 태어난 후에는 한동안 잠만 잤다. 중간에 깨어서 잘 놀면 문제가 없고, 울지도 않고 놀지도 않고 잠만 자는 아이는 뭔가 문제가 있다고 하여 쌍둥이의 잠도 주의 깊게 살폈다.

나의 은인, 도우미 아주머니

쌍둥이는 1시간 50분마다 5분 간격으로 깨어서 보챘다. 나는 너무 피곤하고 잠을 자지 못해 쓰러질 것 같았다.

집으로 돌아와서 처음에는 시부모님이 도와주셨다. 혼자서 쌍둥이를 살피기에는 역부족이었기 때문이다. 곰곰이 고민한 끝에 도우미 아주머니를 부르기로 결정했다.

시어머님은 이 며느리가 힘들까 봐 도우미 아주머니가 가시고 없는 저녁에 오셨다가 그다음 날 도우미 아주머니가 아침에 오시면 인천 집으로 가셨다가 저녁에 또 오셨다.

도우미 아주머니는 정이 많고 사랑을 듬뿍 주는 푸근한 분이었다. 나를 친조카처럼 자상하게 대해주셨다. 내가 부모님이 안 계신 늦둥이 막내라서 그랬는지 친이모처럼 정성껏 보살펴주어 지금까지도 고마운 마음을 갖고 있다.

도우미 아주머니의 쌍둥이 돌봄 시간은 오전 9시부터 오후 6시까지였다. 그 시간에는 아주머니와 둘이서 아이들을 돌봤기 때문에 가끔 쉬고, 낮잠도 잘 수 있었다.

도우미 아주머니가 도와줬지만 한꺼번에 둘을 살피는 일은 역시 쉽지 않았다. 밤에는 아주머니가 퇴근을 했기 때문에 남편과 함께 쌍둥이를 돌봐야 했다.

아이들이 자주 깨어 매일 밤잠을 설쳤다. 남편도 마찬가지였다. 그래도 아이들을 보는 기쁨으로 견뎌냈다. 옛날 우리 부모들은 열악한 환경 속에서도 어떻게 그렇게 많은 아이들을 키워냈는지 경이롭기만 했다.

태어난 지 한 달이 지나자 아이들 몸무게는 4킬로그램이 넘었다. 키는 50센티미터가 되었다.

봄이 왔고 날씨는 점차 따뜻해졌다. 목련꽃도 예쁘게 피었다. 아이들을 안고 밖으로 나가고 싶었지만 그럴 수 없어서 창가에서 따뜻한 봄 풍경과 햇살을 보여주기도 했다.

음악을 다시 들었고 아이들에게도 들려주었다.

아이들은 우유를 먹기 시작했다. 분유를 타서 먹였는데 잘 먹었다. 분유는 매번 120밀리리터 정도 먹였다. 모유도 자주 먹였다.

아이들은 쌍둥이 아니랄까 봐 함께 자고 함께 깨었다. 분유도 비슷한 시간에 먹었다. 분유 먹는 시간표를 짜서 시간과 양을 맞춰 규칙적으로 먹였다. 쌍둥이들이 순한 편이어서 밤 11시에 깨어 분유를 다시 먹이면 새벽까지 안 깨고 아침 7시에 일어나서 분유를 먹었다. 밤에 덜 깨었으므로 쌍둥이는 엄마에게 도와주는 아이들이었다.

4월 1일은 만우절이면서 우리 부부의 결혼기념일이었다. 4월이 되자 산후 우울증이 서서히 왔다. 소녀의 마음처럼 감정기복이 심해지고 센티멘털해지도 했다.

남편이 체중계를 사 와서 쟀더니 윤재는 5.2킬로그램, 윤서는 5.4킬로그램으로 몸무게가 늘어 있었다.

도우미 아주머니는 아들 윤재를 "잘 깎아놓은 알밤"이라 하고, 딸 윤서를 "잘 빚어놓은 송편"이라 했다. 주말에는 도우미 아주머니가 오지 않아 무척 피곤했다.

태어난 지 50일이 되자 사진관에 가서 50일 기념 촬영을 했다. 아이들이 카메라를 보자 너무도 의젓하게 포즈를 취해서 모두 함께 웃었다.

50일 이후에는 산부인과에 가서 모유를 멈추게 하는 약을 먹었다. 하루 정도는 무척이나 아파서 끙끙 앓아야 했다. 곧 직장에 나갈 준비를 해야 하기 때문에 약을 먹어야만 했다.

생후 60일이 지나자 예방접종을 했다. 폐구균(프리메나), 뇌수막염(히브티터) 1차 접종을 했다. 아이들은 주사 맞는 게 겁이 났는지 잠깐 울었다. 4차까지 맞으라고 했다. DDT, 소아마비

예방접종도 했다.

아들 윤재는 6.2킬로그램, 딸 윤서는 6.5킬로그램으로 더 자랐다. 키는 58센티미터 정도가 되었다.

생후 2개월 접어들면서 아이들이 손가락 빨기를 많이 해서 '쪽쪽이'를 사서 물려주었다. 엄마 젖을 빠는 버릇이 남아 손가락 빨기를 하는 것이다. 잠자기 전에 칭얼거릴 때마다 쪽쪽이를 물려주면 그것을 빨다가 잠들곤 했다. 잠투정은 심하지 않아 재우는 데 힘들지 않았다.

도우미 아주머니와 함께 아이들 목욕도 가끔 시켜주고 목욕 장면을 카메라로 찍었다. 아이들은 포동포동 귀엽고 예뻤다. 아이들에게는 음악을 계속 많이 들려줬다.

영아들은 생후 두 달까지는 흑백만 구분할 수 있다 한다. 그래서 산후조리원에서 만들었던 흑백 모빌을 천장에 달아주어 흑백 모빌과 눈을 마주치게 해주었다. 아이들은 빙글빙글 돌아가는 모빌이 신기한지 자꾸 바라보았다.

출산 두 달이 지났지만 내 컨디션은 빨리 좋아지지 않았다. 입맛도 쉽게 돌아오지 않았다. 출근이 걱정되기도 했다.

4월 29일. 도우미 아주머니가 살펴주는 마지막 날이었다. 그분은 4주 동안 쌍둥이들을 돌봐줬다. 아주머니는 "헤어지기 아쉽다"고 하며 눈시울을 붉혔다. 나는 포옹하면서 "그동안 감사했다"고 인사를 드렸다. 그리고 아주머니에게 기쁜 마음으로 준비한 선물을 드렸다.

출산휴가가 끝나서 곧 직장에 출근해야 했기 때문에 집 근처 구립 어린이집을 알아보며 발품을 팔고 대기 예약을 해놓았다.

그 즈음에 남편은 시부모님이 돌봐주기로 했다고 이야기하기에 나는 "시부모님 고생시켜드리는 게 싫다"고 반대했다. 그러나 남편의 성화로 의논 끝에 아이들을 시부모님 댁에 보내기로 결정했다. 시부모님이 고생하실 게 뻔하기에 많이 걱정되었지만 어쩔 수 없었다. 계속 도우미 아주머니를 쓸 수 없었기 때문이다.

시댁의 본가는 경북 안동이지만 오래전에 인천으로 이사해 살고 계셨다. 시댁의 위치는 인천 구월동이었다.

"괜찮다. 쌍둥이들은 우리가 키워야지! 걱정 안 해도 된다."

시부모님은 이렇게 말씀하셨지만 왠지 죄송한 마음이 많이 들었다. 시댁의 세탁기가 너무 오래되고 낡아서 새것으로 바꿔드렸다.

쌍둥이를
시댁으로 보내다

　쌍둥이를 시댁으로 보내야 하는 날이 되었다. 출산휴가가 끝나고 다시 외교부에 출근해야 했기 때문에 어쩔 수 없는 선택이었다.

　아이들을 보내는 날짜에 의미를 두기로 해서 날짜는 2006년 5월 5일, 어린이날로 잡았다. 어린이날에 딸 윤서를 시댁에 먼저 보내고, 사흘 뒤인 5월 8일 어버이날에 아들 윤서를 보냈다. 며칠 사이를 둔 것은 시부모님께 적응하실 시간을 드리고, 삶을 지혜롭게 사신 웃어른들께서 좋은 날짜를 잡아 맞춰야 한다고 했기 때문이다.

　아이들은 태어나서 두 달 열흘 동안 엄마 아빠와 함께 지냈다.

　쌍둥이를 시댁으로 보내고 나니 몹시 섭섭했다. 아이들을 시댁에 두고 집으로 오는데 발길이 떨어지지 않았다. 둘이 곁에 있다가 하나도 없으니 무척 허전했다. 자꾸 귀에서 아이들의 울음소리가 들리는 것 같았다. 그래도 어쩔 수 없는 결정이었기 때문에 꾹 참았다.

내가 전업주부라면 얼마나 좋을까 생각도 했다. 경제적으로 풍족해서 먹고사는 걱정 안 하고 살면 얼마나 좋을까 생각도 했다. 하지만 아이들이 다 컸을 때 내가 할 일이 없으면 더 쓸쓸하겠다는 생각이 들어서 꾹 참았다.

쌍둥이를 시댁으로 보내고 나서 몸살을 심하게 앓았다. 급성 편도염, 급성 통증 등에 시달렸다. 그동안에 했던 긴장이 풀려서 그런지도 몰랐다.

허리가 너무 아파 정형외과에 갔더니 허리 디스크 위험이 있다고 했다. 절대 무리해서는 안 된다고 해서 꼼짝없이 조용히 지내면서 일주일 이상 물리치료를 받았다.

쌍둥이가 어떻게 지내는지 궁금해서 거의 매일 하루에 세 번씩 시댁에 전화를 했다. 아이들이 보고 싶어서 냉장고에 아이들 사진을 붙여놓았다.

일주일 후에 아이들을 보러 갔다. 시부모님이 아이들을 잘 키워주고 계셔서 마음이 놓였다. 아이들도 잘 적응하고 있었다. 시부모님은 갑작스럽게 할 일이 많아져서 힘들어 보이기도 했지만 새 생명 키우는 일이 즐거운지 얼굴에 생기가 돌았다.

"며늘아, 걱정하지 말아라. 내가 애들 셋을 혼자 키워낸 사람이다."

 물론 시어머님은 육아에 있어서 나보다는 베테랑이다. 시어머님은 연세가 60이 넘지 않고 50대 후반이셨지만 그래도 쌍둥이를 돌봐주신다기에 죄송스런 마음이 들었다.

 아이들에게 필요한 것과 시댁에서 필요한 물품을 잔뜩 사다 드렸다.

 쌍둥이는 생후 70일이 지났다. 태어난 지 두 달이 지나자 엄마 얼굴을 보며 미소를 지었다. 엄마인지 알아차리는 듯했다. 웃고 우는 소리가 확실히 달라졌고, 수유량도 1회 160~180밀리터로 늘어났다.

 어느새 출산휴가가 끝나가고 있었다. 직장에 출근할 때가 다가오자 슬슬 걱정이 되었다.

9장
...
백일을 지내고 돌을 맞다

쌍둥이의 백일잔치

출산휴가를 끝내고 첫 출근을 했다. 2006년 5월 22일, 석 달 만의 출근이었다.

직장 상사와 가까이 지낸 분들을 찾아가 일일이 인사를 했다. 며칠 동안 여기저기 인사하기 바빴다. 모든 직원들이 축하해주었다. 특히 쌍둥이를 출산했다는 소식에 덕담이 두 배로 늘었다.

직장에 복귀해서 업무를 보는데 솔직히 잘 집중이 되지 않았다. 3개월이면 다시 건강해질 줄 알았는데 여전히 몸이 좋지 않았다. 몸살이 심해서 근무하는 데 고생했다. 쑥 찜질방을 다니기도 했다.

아이들 모습도 자꾸 어른거렸다. 그러나 업무 실수를 하지 않으려고 주의를 기울였다. 다행히 큰 실수가 없었고 자연스레 직장 생활에 익숙해져갔다.

쌍둥이를 보러 자주 시댁에 갔다. 궁금하면 평일에도 시댁에 들러서 아이들을 보고 왔다. 주말에는 금요일 퇴근 후에 시댁에 가서 쌍둥이를 우리 집으로 데리고 왔다.

아이들에게 모차르트 등 장르별로 음악을 들려주고 장난감을 주며 마음껏 놀게 하였다. 아이들은 엄마, 아빠와 눈을 마주치며 놀기도 했다. 아이들에게 책도 많이 읽어주었다.

그렇게 주말 동안 아이들과 지내다 다시 일요일 저녁이면 시댁에 데려다주곤 했다. 주말에는 우리가 아이들을 돌보았으므로 시부모님은 휴식도 취하고 볼일 보는 시간을 가질 수 있었다.

그렇게 2년 반 동안 시댁에서 집으로 왔다 갔다 하며 쌍둥이를 정성껏 키웠다. 쌍둥이를 키우느라 시부모님이 고생을 많이 하셨다. 지금도 늘 고마운 마음이고, 쌍둥이에게도 말한다. "할머니, 할아버지 고맙습니다"라고 자주 인사드리라고.

드디어 쌍둥이가 태어난 지 백일이 되었다. 2006년 6월 3일. 조촐하게 우리 집에서 백일 상을 차려주었다.

시부모님이 직접 오셔서 축하해주셨다. 친정어머니가 살아계셨을 때 올케 언니와 함께 조카들 백일 상을 차려주시는 걸 본 적이 있었다. 그때를 떠올리며 쌍둥이를 위해 백일 상에 백설기, 수수팥떡을 차려놓고 미역국도 끓이고 정한수도 떠놓고 나서 삼신할머니께 아이들이 건강하게 자라게 해달라고 기도드렸다.

예나 지금이나 아이가 태어난 지 백일이 되면 백일잔치를 한다. 생후 백일을 견뎠으니 세상에 어느 정도 익숙해졌음을 축하하고 무병장수를 기원하는 뜻으로 작은 잔치를 하는 것이다. 일단 백일을 넘기면 인간 세상에 적응하기 시작한 것으로 여겼다.

예전에는 백일 상에 백설기, 수수팥떡 등을 올렸다. 백설기는 정결을 뜻하고 흰머리가 될 때까지 장수하라는 의미가 담겨 있다. 수수팥떡은 부정한 기운을 막아 상서롭게 만드는 뜻이 있다고 한다. 백일 떡은 100명에게 나누어 주어야만 백 살까지 산다고 하여 널리 나누어 먹었다.

어쨌거나 백일은 아이가 세상에 적응하여 한 고비를 넘겼음을 뜻하는 귀중한 날이다. 직장에 출근해서 외교부 직원 70여 명에게 떡을 돌렸다. 서로 덕담을 나누고 쌍둥이의 좋은 앞날을 기원했다.

백일이 지나자 쌍둥이는 옹알이를 시작했다. 옹알이는 영아가 구체적인 단어와 문장을 말하기 이전 시기에 입 안에서 내는 소리다. 입 안에서 오물오물 옹알거리며 같거나 다양한 음절을 되풀이하여 소리를 낸다. 이는 일종의 말 놀이로서, 말을 통해 서서히 의사소통을 시도하고자 하는 혼잣소리다.

아이는 옹알이를 통해 자신의 발성 및 조음기관을 느끼고 조절하는 능력을 키워간다. 처음에는 "바바바바"처럼 똑같은 자음-모음 쌍을 되풀이해서 연습한다. 이것이 익숙해지면 "어부바바"처럼 다양한 자모음을 섞어서 연습한다. 그러다 "엄마"처럼 받침이 있는 단어를 연습하면서 언어생활을 터득하게 된다. 아이가 옹알이를 시작하면 엄마나 돌보는 사람과의 소통이 점점 원활해지기 시작한다.

날씨가 따뜻해졌다. 아이들과 외출하려고 외출복을 샀다. 가끔 아이들을 데리고 밖으로 나가기도 했다.

6월 말에는 보행기를 선물받아 자주 놀게 해주었다. 아이들이 서서히 걸음을 준비할 때가 되었다.

시부모님께서 전화로 아이들 웃음소리를 들려주셨다. "까르르까르르." 그 소리에 힘이 났다.

시부모님이 힘드실까 봐 주말에는 꼭 아이들을 집으로 데려왔다.

이 시기, 나는 아이들이 이유식에 잘 적응하도록 미리 찹쌀미음 맛을 느끼게 해주었다.

주말이면 아이들과 함께 잠을 자고, 다시 시댁에 데려다주는 일을 반복했다.

스스로 자라는 아이들

7월이 되자 장마가 왔다. 몸은 쉽게 회복되지 않았다. 날씨가 습습하여 기분도 우중충했다. 임신으로 인한 무릎과 골반 통증이 지속적으로 나를 괴롭혔다. 그러나 쌍둥이 보는 일은 언제나 즐거웠다.

쌍둥이는 생후 5개월이 지난 7월 말 드디어 뒤집기를 하였다. 아기들은 대개 생후 3개월이 지나면 목을 가누기 시작하고, 5개월이 지나 엉덩이와 허리에 힘이 생기면 뒤집기를 시작한다. 반듯이 눕혀놓으면 팔다리를 버둥거리다가 뒤집는다.

뒤집기에 익숙해지면 다음에는 기어 다니기를 시도한다. 뼈와 근육이 조금씩 강해지면서 스스로 몸을 가누며 자립하기 시작하는 것이다.

아들 윤재가 먼저, 그 후 딸 윤서가 뒤집기를 했다.

아이들 뒤집기와 관련한 기억에 남는 일이 있다. 내가 요리하고 있는 동안에 아이가 침대에서 떨어진 것이다. 쌍둥이를 침대에 눕혀놓았는데 딸은 침대 위에서 옹알이를 하면서 잘 논 반면, 아들은 뒤집기를 하다가 침대 아래로 떨어져버린 것이다. 그것도 모르고 요리를 하다 침대를 봤는데 아들이 없어져서 소스라치게 놀랐다. 가까이 가서 보니 침대 밑으로 들어가서 잘 놀고 있었다. 너무 놀라 간이 콩알만 해졌다가 안심했다. 아이를 키우다 보면 누구나 한번쯤 이런 일을 겪는 것 같다.

이 무렵 쌍둥이는 옹알이가 늘었다. 쌍둥이가 옹알이를 할 때면 그렇게 귀엽고 사랑스러울 수 없었다.

생후 6개월이 지나자 아이들이 급성장하고 먹는 양도 늘어났다. 하루에 서너 번, 22~24도 정도로 미지근한 보리차를 마시게 해주었다.

물은 우리 몸에서 영양소를 녹여 온몸으로 보내거나 몸속 노폐물을 분해해 밖으로 배출하는 작용을 하기 때문에, 아이가 적정한 수분을 섭취하게 해주는 것이 좋다. 열이 많은 아이에게는 보리차, 소화 능력이 좋지 않은 아이에게는 옥수수차, 입이 자주 마르거나 기침이 잦은 아이에게는 둥굴레차를 먹이면 좋다고 한다.

이때부터 이유식을 조금씩 시도했다. 쌀 끓인 물과 찹쌀 끓인 물로 미음을 만들어 조금씩 입안으로 넣어주었다. 아이들

입술에 작은 스푼을 갖다 대면 제법 오물오물 쭉쭉 잘 빨아먹었다. 그 모습을 흐뭇하게 바라보며 자주 웃었다.

8월이 되자 휴일을 합쳐 여름휴가를 9일이나 내어 아이들과 놀았다. 이 기간 동안 시부모님은 쉬셨다. 예전에 대가족이었을 때 아이 보기를 분담했던 것이 생각났다.

휴가 기간에는 아이들에게 동화책도 읽어주고, 음악도 들려주었다. 클래식, 라틴 음악, 동요 등 여러 종류의 음악을 들려주면 머리를 흔들기도 하고 뭐라고 옹알이를 했다. 그 모습이 무척 귀엽고 재미있었다.

아이들에게 쌀미음, 단호박 미음, 배즙 등을 먹였다. 매일 목욕도 시켜주고 즐겁고 행복하게 놀았다.

아들은 8.2킬로그램, 딸은 9.7킬로그램으로 몸무게가 늘었다. 키는 70센티미터가량 되었다. 딸이 훨씬 더 성장이 빨랐다.

8월 중순부터는 이유식을 준비하기 시작했다. 밥을 조금씩 먹일 때가 된 것이었다. 아들은 변비 증상이 있었으나 곧 나아졌다.

9월이 되어 가을로 접어들자 아이들은 더 많이 컸다. 이리저리 굴러다니며 건강하게 자랐다.

10월이 되자 아이들은 아랫니 2개가 나기 시작했다. 이가 돋자 뭐든지 물어뜯으려고 하고 목에 감아둔 손수건을 몇 번씩 갈아줘야 할 만큼 침을 질질질 많이 흘렸다.

11월부터는 이유식을 점차 늘렸다. 하루 두세 번 맑은 배추된장국, 소고기죽, 야채두부볶음 등 부드러운 음식을 먹였다.

아이들은 잘 먹고 잘 잤다. 밤 10시에서 11시 사이에 잠들어 아침 8시 30분에서 9시 사이에 일어났다. 밤잠은 10시간에서 12시간가량 자고, 낮잠은 2~3시부터 4시까지 잤다.

쌍둥이는 하루가 다르게 부쩍부쩍 성장했다. 나는 꾸준히 운동을 하며 살을 빼기 위해 노력했다.

세상의 1년 맞이 돌잔치

참으로 신기한 일이다. 물론 부모가 많이 노력해야 하지만, 아이들은 날마다 무럭무럭 자란다. 자고 일어나면 다르고, 어제와 오늘이 또 다르다. 아이들이 아플 때도 있지만 세상에 적응하기 위해 면역력을 높이고 성장통을 겪으면서 매일매일 자란다.

생후 10개월이 지나자 쌍둥이는 혼자 일어서기 시작했다. 말귀를 알아듣고 행동을 가르쳐주면 금방 따라했다. 말을 배우기 시작하면서 "맘마, 엄마, 아빠"를 더듬거렸다. 아이들은 점점 인간의 세계에 편입되어갔다.

2007년 2월 23일. 드디어 쌍둥이가 태어난 지 1년이 되었다. 세상에 태어나서 큰 탈 없이 한 해를 잘 보낸 것을 기념할 때가 되었다. 이른바 '돌잔치'. 우리 부부는 쌍둥이의 돌잔치를 멋지게 하기 위해 준비를 많이 했다.

쌍둥이 돌잔치에 오시는 분들에게 더 맛있는 음식을 대접하려고 남편과 함께 맛을 봐가며 뷔페를 정했고, 남편과 함께 핑크색 풍선, 블루색 풍선 각각 2개씩 급하게 부느라고 어지러웠던 기억도 난다. 핑크색 풍선에는 엄마 마음, 블루색 풍선에는 아빠 마음을 가득 담아서 불었다.

돌잔치 때는 임신 3개월 때부터 쓰고 있던 육아일기 3권도 진열해놓았다.

쌍둥이 돌잔치에 참석해주신 분들을 위해 답례품도 준비했다. 욕실 거울이나 냉장고에 붙일 수 있는 방수시계와 백설기였다. 방수시계에는 돌 날짜와 쌍둥이 이름을 새겼다.

쌀, 상품권 등 이벤트 상품도 30만 원 정도로 넉넉히 준비하여 와주신 분들에게 고마운 마음을 표시했다. 한 아이가 아니라 쌍둥이의 돌잔치였기에 더 마음을 아끼지 않았다.

친척들과 지인들에게 연락을 했다. 고맙게도 무려 165명이나 오셔서 쌍둥이의 돌을 축하해줬다.

잔칫상에서 윤재는 돌잡이로 청진기를 잡았다. 윤서는 만 원짜리 지폐를 잡았다.

"둘 다 부자 되겠군."

친척이 덕담을 하여 모두 웃었다.

세상에 적응하는 연습

아이들은 돌이 지나면 성장 속도가 더 빨라진다. 몸무게는 태어났을 때보다 세 배가 더 늘고, 키는 1.5배가 된다. 젖살은 빠지고, 걷기 위해서 몸의 균형을 잡으려고 한다.

아들 윤재는 동생보다는 먹는 양이 조금 적었지만 또래 아이보다는 잘 먹는 편이었다. 포동포동했고 눈웃음을 많이 치고, 엉덩이를 들썩들썩 고개를 좌우로 흔들며 애교를 떨었다.

딸 윤서는 오빠보다 크게 태어나서인지 분유도 오빠보다 더 잘 먹었고 토실토실했다. 어깨와 엉덩이를 흔들며 춤추다 넘어지면 오뚝이처럼 다시 일어나 엉덩이춤을 추는 모습이 무척 귀여웠다.

아이들이 춤을 추는 것은 일종의 운동이다. 그런 과정을 거쳐서 운동 능력이 발달하고 아장아장 걷기 시작하면서 스스로 자립하는 것이다. 넘어지면서도 걷는 연습을 계속해서 몸의 균형을 잡아간다.

　계단을 올라갈 수는 있지만 내려오는 것은 엄마의 도움이 많이 필요하다. 자꾸 높은 곳을 기어 올라가려 하는데 이것 역시 생존 능력을 높이는 것이다.

　윤재는 호기심이 강해서 집에 있는 물건과 살림살이를 한시도 내버려두지 않고 만지작거렸다. 그래서 서랍을 못 열게 서랍마다 테이프로 붙여놓았다. 전기 콘센트에 젓가락을 집어넣으려고 해서 콘센트마다 안전장치를 한 적도 있다.

　윤서는 오빠보다 조금 더 컸고 통통했다. 텔레비전 리모컨을 가지고 노는 것을 좋아했고, 책꽂이에 있는 책들을 다 빼서 거실에 어질러놓는 일을 반복했다. 내 화장품을 모두 파내서 주변에 온통 발라놓기도 했다.

　그 모든 것이 아이들이 세상에 적응하기 위한 연습이었다.

　쌍둥이에게는 근육 발달을 위해 '볼풀'을 사줘 수시로 놀게 했다. 풍선 놀이, 밀가루 반죽 놀이 등도 즐겼다. 숟가락, 젓가락과 함께 주방의 냄비들을 다 꺼내주면 아이들은 소꿉놀이를 했다. 큰 통에 물을 채워주면 공을 가지고 잘 놀았다.

　윤재는 근육과 균형감각을 키우기 위해 붕붕카를 타고, 포크레인 같은 자동차 장난감 갖고 놀게 했다. 윤서는 주방 장난감 놀이, 곰 인형 놀이, 바비 인형 옷 입히기 등을 하게 했다.

　돌이 지나니 아이들은 미숙하지만 숟가락을 잡고 혼자 밥을 먹을 수 있었다. 하루 식사 세 번, 간식 두 번을 주고 양을 적절하게 조절하면서 음식을 먹었다. 특히 주말이면 두부, 채소, 소고기 간 것, 단호박 등을 이유식으로 정성껏 만들어 먹였다. 쌍둥이는 엄마의 정성을 아는지 맛있게 쪽쪽 소리를 내면서 잘 먹었다. 무척 행복했다. 쌍둥이는 편식하지 않고 잘 먹으며 무럭무럭 자랐다.

나는 특히 아이들의 건강관리를 위해 건강검진과 신생아 수첩에 기록된 예방접종을 빠짐없이 했다. 두뇌 발달과 운동 기능 발달을 위해 여러 가지 지적 자극을 주는 놀이 등을 자주 시키고 그림책도 많이 보여줬다. 호기심이 많은 쌍둥이는 늘 즐겁게 놀곤 했다.

돌이 지나자 아이들은 본격적으로 성장의 길로 접어들기 시작했다.

에필로그

둥이들이 돌이 지난 다음에도 나는 육아일기를 몇 해 더 썼다. 처음 책을 내고자 했을 때는 아이들이 자라는 모습까지 글로 써 남기고 싶었다.

나중에 원고를 정리해 다시 보니 아이들이 자라는 모습에 마냥 들떠 있었던 것 같다. 아이들이 분유를 먹고, 밥을 먹고, 걷고, 춤을 추고, 넘어지고 다시 오뚝이처럼 다시 일어서는 모습이 지금도 눈에 선하다.

그 모든 이야기를 다 한다면 한 권의 책으로 부족할 것 같았다. 또 내가 아이들을 키우는 방법이 모두에게 적용될 수도, 될 필요도 없다고 생각해서 많은 이야기를 생략했다.

둥이들이 자랄 때 직장 생활로 부족한 시간을 메우기 위해서 나는 최대한 아이들과 밀착해 교감하려고 노력했다. 이를 위해 함께 음식을 만들고 맛을 보곤 했다. 몸은 피곤했지만 진실하게 아이들을 만날 수 있는 시간이었다.

나는 아이들이 어른들에게 인사 잘하고, 잘못했을 때 사과를 잘하는 아이로 자라길 바랐다. 아이들은 엄마를 믿고 내 뜻을 따라주었다. 이런 둥이들이 자랑스럽다.

몸은 피곤했고, 잠이 늘 부족했지만 우리 가족은 손을 잡고 자주 밖으로 나갔다. 주말에는 연극이나 뮤지컬 공연을 예약해 함께 보기도 했다.

한번은 오랜 역사를 자랑하는 청운초등학교에 데리고 갔다. 아이들에게 학교 건물을 보여주고 너희들이 앞으로 공부할 학교라고 했더니, 아이들은 '와우!' 하며 소리를 질렀다. 아이들이 태어난 것이 엊그제 같은데 벌써 학교를 다니게 된다니 그저 놀라울 따름이었다.

아이들은 금방 세상 물정에 익숙해졌고, 놀랄 만큼 이해력도 높아졌다. 아이들이 크는 동안 아이들의 모습을 사진으로 남기며 하루하루 행복해했던 것 같다.

어려움도 없지 않았다. 사실 나는 운전을 전혀 할 줄 몰랐다. 소위 장롱면허로, 면허를 따고 8년 동안 한 번도 운전을 해 본 적이 없었다. 그런데 아이들이 자라면서 내가 아이들을 데려오고 데려가야 하는 상황이 생겼다. 운전이 겁나서 선뜻 해봐야겠다는 생각을 못했지만 아이들을 위해서라고 생각하니 용기가 생겼다.

두 아이를 뒷좌석에 태우고 안전벨트를 매어주고 마음을 단

단히 먹고 차를 운전하기 시작했다. 하지만 운전은 마음처럼 쉽지 않았다. 비라도 내리고 천둥 번개라도 치고 터널이라도 지나는 날이면 와락 겁이 났다. 아이들 또한 그런 엄마를 보며 두려워했다. 속으로는 나도 무서웠지만 웃으며 아이들에게 '걱정하지 마'라고 애써 태연하게 말했다.

첫아이를 낳아 키우는 일은 당연히 처음이었다. 더구나 첫아이를 낳아 키우는 일은 연습이 있을 수 없었다. 그래서 새로운 상황이 계속 만들어졌고, 새로운 상황에 맞춰 나 스스로가 변해야 했다.

하지만 나 혼자는 언제나 역부족이었다. 내 주변, 혹은 사회가 우리 아이들을 키우는 데 엄청난 역할을 했다. 그에 대해서 깊이 감사한다. 특히 나에게 너무나 특별한 남편에게 더 깊이 감사하고 고맙다. 묵묵하고 조용하게 아빠의 역할을 멋지게 해주고 있다. 내가 없어도 남편은 한결같이 아이들을 지켜줄 거라 믿는다.

아이들은 점점 자라 이제 엄마의 마음을, 나아가서 어른들의 마음을 조금씩 이해할 나이가 됐다. 엄마는 늘 바빴고 그래도 최선을 다했다고 아이들에게 말하겠지만, 부족함이 많아 이 책의 마지막을 쓰면서도 가슴이 뭉클하다.

아이들이 더 자라면 자신들의 인생은 스스로 이끌어갈 것이다. 아무리 부모라 해도 자식의 인생을 대신 살 수는 없기 때문이다. 아이들이 자유롭게 부모 품을 떠날 그날도 금방 오겠지. 나는 그저 내 아이들을 위해 기도할 뿐이다.

쌍둥맘! 나만의 육아법!

❶ 예의는 바르게
세 살 버릇 평생 간다. 아이는 부모의 모습을 보고 그대로 따라 하고 배운다. 우리 부부는 아침·저녁 인사를 다정하게 하루도 빼놓지 않고 하며 이를 인지시켰다. 집을 벗어나 어디를 가든지 웃어른께 90도로 늘 인사하게 시켰고, 택시를 탈 때도 "안녕하세요?" 내릴 때도 "안녕히 계세요. 건강하세요!"라고 인사하도록 했다. 그게 습관이 됐는지 지금 11살이 되어서도 한 번 빼놓은 적 없이 인사를 한다. 어려서부터 식사 예절 습관도 들여서, 음식점에서 식사할 때 보채거나 돌아다니지 않고 차분하게 식사한다.

❷ 편식은 금지
이유식 후반부터 음식을 만들 때마다 아이들이 편식하지 않도록 신경 썼다. 각종 야채, 다진 고기 등 영양가 풍부한 재료들을 골고루 넣어 나만의 조리법으로 만들어주었는데, 그래서인지 아이들은 편식하지 않고 골고루 잘 먹는다. 예로, 달걀말이는 물에 헹군 김치, 파, 마늘, 당근, 부추, 향 때문에 먹지 않으려 하는 깻잎을 함께 다져 곱게 푼 달걀에 넣어 부쳐 낸다. 햄 요리는 햄과 함께 양파, 마늘을 얇게 여며서 굽고, 다양한 야채들을 곁들인다.

❸ 대화 시간 갖기
일주일에 한 번씩 아이들과 20~30분 식탁에 마주 앉아 대화 시간을 갖는다. 초롱초롱한 눈을 마주치면서 책 이야기나 요즘 둥이들이 하고 싶은 것, 엄마 아빠랑 가고 싶은 곳, 엄마가 만든 음식 중 먹고 싶은 것 등 주제는 다양하다.

❹ 꾸중도 원칙대로
아이들이 잘못했을 때 되도록 매를 들지 않고, 눈 마주치며 대화로 풀거나 두 줄이건 다섯 줄이건 마음에서 우러나오는 대로 반성문을 쓰게 한다. 꾸중한 후에는 다독거리며 꼭 안아줘야 한다.
아이들에게 아빠의 말씀은 철칙이다. 아빠가 "손들어" 하면 아파도 손을 든다. 20분이든 30분이든 끝까지 손 내리는 법이 없다.

❺ 둥이들과 오감 놀이
주말마다 아이들과 30~40분 함께 요리하며, 요리로 시각, 청각, 후각, 미각, 촉각 등 오감을 느끼게 해준다. 향 나는 야채와 색깔별 야채(호박, 브로콜리, 당근, 오이, 감자, 깻잎 등)를 썰어주는데, 아이들은 이런 소꿉장난을 재미있어한다. 또 아이들에게 재료를 직접 맛보게 한다. 당근, 오이, 감자를 썰면서 입에 넣고 아삭아삭 씹어 먹는 모습을 보여주면, 아이들은 따라 하면서 맛을 느낀다.

쌍둥이의 사진일기

2006년 6월 초, 쌍둥이 백일.

2007년 2월 초, 쌍둥이 돌잔치.

2007년 5월 중순, 쌍둥이 2살 때 하늘공원 계단에서.
풍선이 터졌다고 윤서가 통곡을 했다.

2007년 12월, 쌍둥이 2살 때 크리스마스 파티.

2008년 6월 초, 윤서 3살 때.
윤서는 '잠자는 숲속의 공주'를 흉내 내곤 했다.

2008년 12월 23일,
쌍둥이 3살 때 크리스마스 기념으로.

2009년 6월 중순. 쌍둥이 4살 때 어린이대공원에서.

2009년 7월 중순, 윤재 4살 때 경포대해수욕장에서.

2010년 6월 중순, 쌍둥이 5살 때
세종문화회관 광장에서.

2010년 6월 초, 쌍둥이 5살 때 과천 서울대공원에서.

2011년 2월, 윤재 6살 때
아빠랑 킨텍스 자동차 쇼장에서.

2011년 6월 말, 쌍둥이 6살 때 용인 에버랜드에서.

쌍둥이의 사진일기

2012년 11월 말, 쌍둥이 7살 때 파주 아울렛에서.
뚱뚱이 거울 앞에서 윤재, 윤서는 깔깔대면서 신나게 놀았다.

2012년 10월 말, 쌍둥이 7살 때 제주도에서.

2013년 2월 윤재. 초등학교 들어가기 전 8살 때 한빛청사어린이집 졸업식에서.

2013년 2월, 윤서 8살 때
초등학교 들어가기 전 한빛청사어린이집 졸업식에서.
선생님과 헤어지는 게 싫었던지 윤서는 선생님 앞에서도 슬프게 울었다.

사랑하는 엄마랑 마지막 여행(태국 파타야에서). 엄마 연세 77세 때.

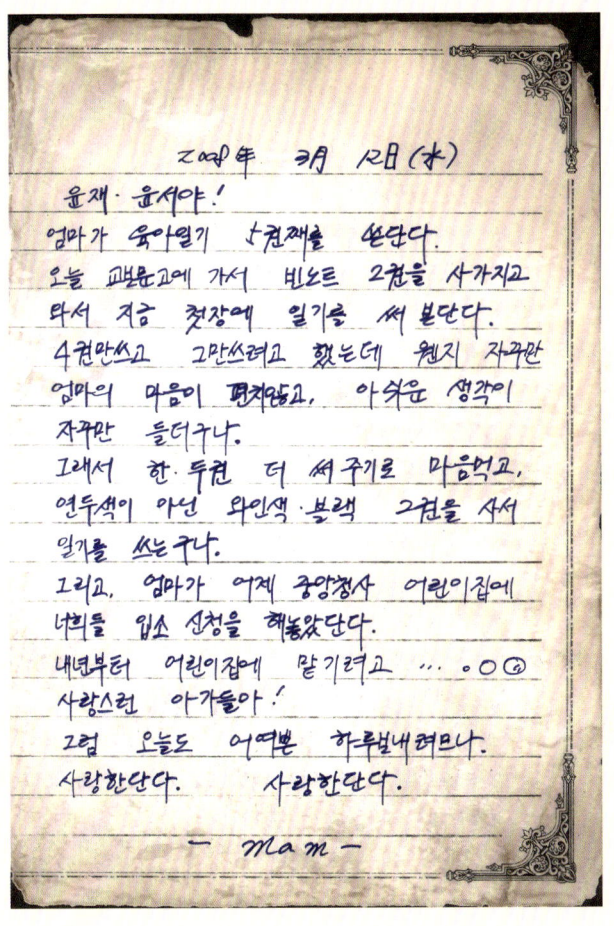

한 권만 쓸 것 같았던 육아일기를 일곱 권 썼다. 다섯 권째 일기의 첫 페이지.

윤재, 윤서가 그린 엄마. 7살이 되어서 엄마에게 접어 보낸 편지 뒷면의 그림.

2010년 5월 15일 온가족이 잠실야구장에서.

쌍둥맘의 두 배 행복한 육아일기
ⓒ 이경남, 2016

초판 1쇄 인쇄 2016년 11월 12일
초판 1쇄 발행 2016년 11월 18일
지은이 | 이경남
펴낸이 | 김영훈
편집 | 이원숙
디자인 | 최선영
펴낸곳 | 안나푸르나
출판신고 | 2012년 5월 11일
주소 | 서울시 마포구 월드컵북로4길 44-7, 1층 101호
전화 | 02-3144-4872 팩스 | 0504-849-5150
전자우편 | idealism@naver.com
ISBN 979-11-86559-14-7 (03810)

- 저자와의 협의로 인지는 붙이지 않습니다.
- 이 책은 저작권법에 따라 보호받는 저작물이므로 무단 전재와 복제를 금합니다.
  이 책의 내용 전부 또는 일부를 이용하려면 반드시 저작권자와 안나푸르나의 서면 동의를 받아야 합니다.
- 유통 중에 파손된 책은 구입하신 서점에서 바꾸어 드리며, 책값은 뒤표지에 있습니다.

「이 도서의 국립중앙도서관 출판예정도서목록(CIP)은 서지정보유통지원시스템 홈페이지(http://seoji.nl.go.kr)와 국가자료공동목록시스템(http://www.nl.go.kr/kolisnet)에서 이용하실 수 있습니다. (CIP제어번호: CIP2016027266)」